revise GCSE

Terry Murray

Spanish

Contents

1 La vida cotidiana (Everyday life)

2 Mis ocios (Leisure)

3 Las vacaciones y el alojamiento (Holidays and accommodation)

4 Haciendo las compras, la comida y la bebida (Shopping, food and drink)

This book and your GCSE course

AQA B modular		AQA A Linear	EDEXCEL
3652		3651	122 6
Module 1 Listening 5% (35 mins) Reading 5% (40 mins) Speaking 5% (4 mins)	**Listening (25%)**	Exam at either Foundation (30 mins) or Higher (40 mins).	Exam at either Foundation (30 mins) or Higher (40 mins).
Module 2 Listening 7.5% (25 mins) Reading 7.5% (30 mins)`	**Speaking (25%)**	Exam at either Foundation (8–10 mins) or Higher Tier (10–12 mins). 1 Role-play, presentation and discussion and conversation.	Exam at either Foundation (8–9 mins) or Higher Tier (11–12 mins). 2 Role-plays and conversation.
Module 3 Coursework speaking 7.5% (4 mins) Coursework writing 12.5%	**Reading (25%)**	Exam at either Foundation (30 mins) or Higher Tier (50 mins).	Exam at either Foundation (40 mins.) or Higher Tier (60 mins).
Module 4 Listening 12.5% (25 mins) Reading 12.5% (30 mins) Speaking 12.5% (5–8 mins) Writing 12.5% (40 –50 mins)	**Writing (25%)**	Exam at either Foundation (40 mins) or Higher Tier (60 mins). Or coursework	Exam at either Foundation (50 mins) or Higher Tier (60 mins). Or coursework
The AQA B Modular exam is completely different from the other boards. You do modules stretching over two years.			

Visit your awarding body for full details of your course or download your complete GCSE specifications

STAY YOUR COURSE! Use these pages to get to know your course

- You have to do a listening, speaking, reading exam and either a writing exam or coursework
- Ask your teacher which exam board you are doing
- Ask if you are doing the coursework option or the writing exam
- Find out if you will be entered for Foundation Tier or Higher Tier

OCR	WJEC	NICCEA
1925	157	5650
Exam at either Foundation (40 mins) or Higher (40 mins).	Exam at either Foundation (45mins) or Higher (45 mins).	Exam at either Foundation (30 mins) or Higher (30 mins).
Exam at either Foundation (10–12 mins) or Higher Tier (12–15 mins). 2 Role-plays, presentation, discussion and conversation.	Exam at either Foundation (10 mins) or Higher Tier (12 mins). 2 Role-plays, and conversation.	Exam at either Foundation (10 mins) or Higher Tier (10 mins). 2 Role-plays, presentation and conversation.
Exam at either Foundation (40mins) or Higher Tier (50 mins).	Exam at either Foundation (45mins) or Higher Tier (45 mins).	Exam at either Foundation (40mins) or Higher Tier (40 mins).
Exam at either Foundation (40 mins) or Higher Tier (60 mins). Or coursework	Exam at either Foundation (45mins) or Higher Tier (60 mins). Or coursework	Exam at either Foundation (45mins) or Higher Tier (45mins).

For each exam board, the available grades are the same.
Foundation Tier   G–C   Higher Tier   E–A*

www.aqa.org.uk, www.ocr.org.uk, www.edexcel.org.uk, www.wjec.co.uk, www.ccea.org.uk

Preparing for the examination

Planning your study

After each topic, make sure that you have learned all the necessary words for the topic. You could draw a mind map or create a database on your PC. During the topic try to learn ten new words a day. Ask someone to test you on the words: you need to be able to spell the words properly so remember to write them down when being tested.

- Each chapter includes sample role-plays and conversations. Try to complete each of these as you work through the chapter and then make a recording of yourself. By listening to the presentations and role-plays as part of your revision plan, you will be able to boost your fluency. This is often more interesting and more beneficial than simply reading words on a page
- Practise the questions in the book. This will build your confidence and enable you to anticipate the type of questions that will occur in the GCSE examination.
- Decide if you know the topic thoroughly and if there are any weak areas: note them and look for ways to improve them in the next topic, e.g. use of adjectives, use of the past tense.

Preparing a revision programme

You need to prepare a programme which allows you to focus on the weak areas: do not spend time revising the work that you know well. It may make you feel good, but it is unproductive and will do nothing to help you to move forward.

Spend time on your presentations for the oral examination and look for ways to improve them.

- You need to be able to make use of previously learned language in another topic.

    e.g. In the topic on family you have to be able to use adjectives to describe members of your family.
    Mi padre es bastante alto. Tiene el pelo corto y liso y los ojos marrones. Lleva gafas y tiene una barba.

In the topic on crime, you should be able to describe the criminal in the past tense.

    e.g. El ladrón era bastane alto. Tenía el pelo corto y liso y los ojos marrones. Llevaba gafas y tenía una barba.

How this book will help you

Letts GCSE Spanish Guide will help you because:

- It contains the essential vocabulary and grammatical structures needed for the GCSE examination.
- It contains progress checks as well as GCSE questions to help you to check and re-affirm your understanding.
- There are sample GCSE questions with answers and advice from an examiner on how to get them right and on how to improve.
- Trying the Examination questions will give you the opportunity to make use of the vocabulary that you have learned and will give you a measure of your progress.
- The summary table will give you a quick reference to the requirements for your examination.
- Margin comments and key points are used throughout the chapters to help you. Use these as your signposts to guide you to success in the GCSE examination.

Four ways to improve your grade

1 Listening and Reading

ALWAYS read the question **first** carefully and highlight the question word so that you know the information that you are listening for. Use any visuals to help you to predict what you might hear.

Try to anticipate the answer and note down possible words to listen for.

Check numbers, dates and times very carefully.

In the Listening test, do not attempt to write phonetically, i.e. what you have just heard! Some candidates find this very confusing and ultimately end up writing about a completely different set of events.

In the Reading examination, read the questions **before** you read the passage.

Some words look like English words: you should try to work out their meaning.

It pays to think LOGICALLY in both the reading and listening papers. Sometimes you have to use your common sense to work out the answers from the information given.

Examiners will also test your knowledge of synonyms and related families of words.

A Susi le gusta leer   may become   A Susi le encanta la lectura.

Ensure that you know synonyms and families of nouns and verbs.

Make a list of synonyms, near-synonyms and word families and learn them carefully:

e.g. el salón = la sala de estar.

2 Speaking

In the Speaking examination, there are two distinct test types. Firstly, role-play tasks – remember that your listening skills will also be tested here. In the role-play do NOT use complicated language structures: simple is best! In the conversation you will be able to discuss matters of personal or topical interest. You must also be able to justify opinions and discuss facts. You need to use present, past and future tenses. This is the time to use as many complicated structures as possible. Use a variety of verbs each time: try to use at least ten different verbs. Remember to speak clearly and to pronounce the words as well as you can.

3 Writing

In the Writing tests you will be able to use and extend a great deal of the material prepared for the speaking examination. You must be able to write accurately and to structure your work logically and coherently. It is also important to note that at least 20% of the marks are allocated to knowledge and accurate application of grammar. There will be an emphasis on using appropriate structures and on achieving a high degree of accuracy. You need to learn your verb tables thoroughly: just as you learned your times-tables in mathematics!

4 Spellings

It is important to spell accurately. If you are in any doubt about the spelling of a word, leave it out and find another way of expressing the idea. Always check carefully for accents and capital letters.

Useful web sites

Try making use of the following web sites in your revision. These sites offer exam guidance and practice exercises designed to help you prepare for GCSE.

By making use of the web and by attempting questions in all four skills (Speaking, Listening, Reading and Writing), you will not only gain confidence but also the vital practice needed for success at GCSE.

General

www.letts-education.com

www.learn.co.uk

www.linguaweb.co.uk

www.travelang.com/languages

www.modlangs.com

www.gcse.com

www.freeserve.com/education/examrevision

www.letsstudy.co.uk

Spanish

www.es.yahoo.com

www.studyspanish.com

www.bbc.co.uk/education/langs/spanish/talk

1 La vida cotidiana

(Everyday life)

The following topics are included in this chapter:

- Family and friends
- School
- At home
- Grammar

1.1 Family and friends

LEARNING SUMMARY

After studying this section and the following exercises, you should be able to:

- talk about your family and friends
- deal with a variety of role-play situations
- describe members of your family
- understand letters and information about a family living in a Spanish-speaking country

La familia (Family)

AQA A AQA B
EDEXCEL
OCR
WJEC
NICCEA

Of all the topics covered in the speaking exam, this is the one that you are most likely to be asked about. You need to be able to talk about your direct and extended family, to describe members of your family and to talk in past and future tenses about things you have done or will do with your family. Equally, for the reading and listening tests, it is important that you learn all the vocabulary listed here. For your writing coursework, you might like to write about a family member who has done something out of the ordinary.

Identity

el apellido – surname
la dirección – address
el divorcio – divorce
el domicilio – address

la edad – age
la fecha de nacimiento – date of birth
la identidad – identity

el lugar de nacimiento – place of birth
el matrimonio – marriage
el nacimiento – birth

el papá — la abuela — el abuelo — la mamá — la hermana — el hermano

Members of the family

el/la abuelo/a – grandfather/grandmother

el/la bebé – baby

el/la cuñado/a – brother-in-law/sister-in-law

el/la esposo/a – husband/wife

la familia – family

los familiares – relations

el gemelo – twin

el/la hermano/a – brother/sister

el/la hijo/a – son/daughter

la madre – mother

la mamá – mum

el marido – husband

la mujer – wife

el/la nieto/a – grandson/granddaughter

el/la niño/a – child

el/la novio/a – boyfriend/girlfriend

el padre – father

los padres – parents

el papá – dad

el/la pariente – relation

el/la primo/a – cousin

el/la sobrino/a – nephew/niece

el/la suegro/a – father-in-law/mother-in-law

el/la tío/a – uncle/aunt

el/la viudo/a – widower/widow

Los amigos (Friends)

AQA A AQA B
EDEXCEL
OCR
WJEC
NICCEA

As well as being able to talk about your friends, you should also be able to discuss your pets.

Friends and personal contact

el abrazo – embrace, hug

la amistad – friendship

el amor – love

el beso – kiss

la bienvenida – welcome

la broma – joke

el carácter – character

el cariño – affection

la carta – letter

el chiste – joke

la cita – date (i.e. to meet a friend)

la conversación – conversation

la correspondencia – correspondence

la culpa – blame

los demás – the rest

el deseo – desire

el diálogo – conversation

el favor – favour

el gusto – pleasure

el humor – humour

la invitación – invitation

la pelea – fight

la postal – postcard

la promesa – promise

la señal – sign, signal

la sonrisa – smile

la tarjeta – card

la visita – visit

Verbs

acompañar – to accompany

acordarse – to remember

ayudar – to help

besar – to kiss

celebrar – to celebrate

charlar – to chat

conocer – to know

contar – to tell, to count

crecer – to grow

cumplir – to reach (a birthday)

dar la mano – to shake hands

dar las gracias – to thank

detestar – to hate

divorciarse – to get divorced

echar de menos – to miss (i.e. a person)

echar una carta – to post a letter

elegir – to choose

enamorarse – to fall in love

encantar – to delight

enfadarse – to get angry

evitar – to avoid

invitar – to invite

llamarse – to be called

llevarse bien con – to get on well with

llevarse mal con – to get on badly with

llorar – to cry

morir – to die

nacer – to be born

odiar – to hate

parecer – to seem

pedir un favor – to ask a favour

preferir – to prefer

presentar – to introduce

prometer – to promise

querer – to love, to want

recoger – to pick up

reconocer – to recognise

recordar – to remember

regalar – to give a present

reír(se) – to laugh

salir – to go out

saludar – to greet

sonreír(se) – to smile

tutear – to use *tú*

ver – to see

visitar – to visit

el loro

el gato   el perro

Pets

la cobaya – guinea pig

el conejo – rabbit

el gato – cat

el hámster – hamster

el insecto palo – stick insect

la jaula – cage

el loro – parrot

los peces tropicales – tropical fish

el periquito – parakeet, budgie

el perro – dog

el pez – fish

el pez dorado – goldfish

el ratón – mouse

la tortuga – tortoise

People

el/la adolescente – adolescent, teenager

el/la adulto/a – adult

el/la amigo/a – friend

el caballero – gentleman

el/la chico/chica – boy/girl

el/la compañero/a – friend

el/la correspondiente – penfriend

el/la corresponsal – penfriend

el desconocido – stranger

el/la enemigo/a – enemy

la gente – people

el hombre – man

el huésped – guest

el/la invitado/a – guest

el/la muchacho/a – boy/girl

la pareja – couple

la persona – person

todo el mundo – everybody

el/la vecino/a – neighbour

PROGRESS
CHECK

Give the Spanish for the following:
1 grandfather
2 to go out
3 gentleman
4 tortoise
5 I have a cat and a goldfish.
6 I have a nephew and two nieces.
7 I went to the shops with my family.

1 el abuelo 2 salir 3 el caballero 4 la tortuga 5 Tengo un gato y un pez dorado. 6 Tengo un sobrino y dos sobrinas. 7 Fui a las tiendas con mi familia.

1 La vida cotidiana (Everyday life)

Conversation: Grades G–D

AQA A · AQA B · EDEXCEL · OCR · WJEC · NICCEA

- Make sure you can answer these questions without thinking.
- Get someone to ask you these questions so you can practise answering them without using the book.

¿Cómo te llamas?	Me llamo ....
¿Cuántos años tienes?	Tengo ...... años.
¿Cuántos sois en tu familia?	Somos ....
¿Quiénes son?	Son mi padre, mi madre, mi hermano y yo.
¿Qué hace tu padre?	Es profesor.
¿Qué hace tu madre?	Es ....
¿En qué año naciste?	Nací en mil novecientos ochenta y siete.
¿Cuánto mides?	Mido un metro ochenta.
¿Tienes animales en casa?	Tengo un perro/un gato.
¿Cuándo es tu cumpleaños?	Es el veintisiete de setiembre.

> Note that in Spanish you don't say *un*. You have to say 'He is teacher' when stating someone's job

> *Medir* means 'to measure'; *¿Cuánto mides?* = How tall are you?

Conversation: Grades C–A*

AQA A · AQA B · EDEXCEL · OCR · WJEC · NICCEA

You will be assessed on your communication skills and also on your quality of language.

- Try to use impressive vocabulary: make your own private list of out-of-the-ordinary words.
- Try to put expression into what you say.
- Your answers should not be a pre-learnt speech. However, you must be able to talk for two minutes on each topic.
- Why not record your answers onto a cassette and listen to them whenever you can?

> You will be asked to show your knowledge of tenses. You cannot get a grade C unless you know your tenses.
>
> Your answers need to be longer than at Foundation Tier.

Describe a tu familia.	En mi familia somos cuatro: mi madre, mi padre, mi hermana y yo. Tenemos también un perro. Mi padre trabaja en una oficina. No sé exactamente lo que hace. Mi madre es dentista.
¿Cómo es tu padre?	Mi padre es grande y tiene los ojos negros. Tiene cuarenta y cinco años y le gusta leer periódicos y ver la televisión.

> It is important to give as much information as you can

¿Cómo es tu madre?	Mi madre es pequeña y bonita. Tiene los ojos marrones y el pelo largo y negro. Tiene cuarenta y dos años y le gusta trabajar en el jardín y salir con mi padre.
¿Cómo es tu hermana?	Mi hermana tiene trece años y es muy simpática. Tiene los ojos azules, el pelo largo y rubio y lleva gafas. Le gusta la música pop y ver la televisión.
¿Tienes otros parientes?	Sí, tengo otros parientes, muchos sobrinos, muchos tíos, muchos primos. Mis abuleos nos visitan a menudo.
¿Qué animal te gusta más?	Me gustan los perros porque son muy cariñosos y limpios.
El día de tu cumpleaños, ¿qué regalos recibiste?	Recibí ropa, CDs y dinero.
¿Qué hiciste con el dinero?	Compré más ropa, salí con mis amigos y puse el resto en el banco.
¿Qué vas a hacer con el dinero en el banco?	Compraré regalos para mi familia e iré de vacaciones.

You have given an opinion and justified it. This gives you extra marks.

A chance to use a preterite.

Another chance to use preterites.

Only three preterites?

A chance to use the future.

It is wrong to say *y iré*. *Y* changes to *e* before a word beginning with 'i'.

1.2 School

After studying this section and the following exercises you should be able to:

- **describe your school and school routine**
- **understand information about a school in a Spanish-speaking country**
- **deal with a variety of role-plays**
- **say what you like and dislike about school, giving reasons**

La vida en el instituto (At school)

AQA A   AQA B
EDEXCEL
OCR
WJEC
NICCEA

Your teacher is likely to ask you to describe your school in the speaking test. You should learn answers to all the obvious questions: questions about your subjects, the school building itself, the teachers and your plans for after school. You should realise that you may well be tested on your tenses by questions about what you did yesterday at school and what you will do tomorrow. You may well be asked an opinion about your school.

1 La vida cotidiana (Everyday life)

Back to school

la asignatura – subject	**los estudios** – studies	**el papel** – paper
la atención – attention	**el examen** – exam	**el permiso** – permission
el bachillerato – A-Level	**la frase** – sentence	**la pizarra** – blackboard
la casilla – box	**la gramática** – grammar	**la pregunta** – question
la clase – class	**hacer preguntas** – to ask	**el progreso** – progress
el colegio – school	questions	**la prueba** – test
la contestación – answer	**el intercambio** – school exchange	**el pupitre** – desk
el curso – course	**el/la interno/a** – boarder	**el recreo** – break
los deberes – homework	**la lección** – lesson	**la respuesta** – answer
el dibujo – drawing	**la letra** – letter (of the alphabet)	**la tarea** – homework
el diccionario – dictionary	**la nota** – mark	**el timbre** – bell
el ejemplo – example	**el número** – number	**el trimestre** – term
el ejercicio – exercise	**la página** – page	**el uniforme** – uniform
el error – mistake	**la palabra** – word	**el vocabulario** – vocabulary

	Lunes	Martes	Miércoles	Jueves	Viernes
09:00 / 10:10	geografía	inglés	ciencias	historia	francés
			Recreo		
10:40 / 11:50	informática	español	física	tecnología	inglés
	dibujo	tecnología	francés	informática	dibujo
13:00			Comida		
15:00 / 16:10	español	educación física	español	inglés	ciencias
			Recreo		
16:20 / 17:30	ciencias	historia	informática	historia	español

Subjects

el alemán – German	**el español** – Spanish	**el inglés** – English
el arte – art	**la física** – physics	**la literatura** – literature
la biología – biology	**el francés** – French	**las matemáticas** – maths
el castellano – Spanish (language)	**la geografía** – geography	**la música** – music
las ciencias – sciences	**la gimnasia** – gym	**la química** – chemistry
el drama – drama	**la historia** – history	**la tecnología** – technology
la economía – economics	**los idiomas** – languages	**los trabajos manuales** – CDT
la educación física – PE	**la informática** – IT	

Adjectives

aburrido – bored	**incorrecto** – incorrect	**pobre** – poor
antiguo – old, former	**injusto** – injust	**posible** – possible
ausente – absent	**mixto** – mixed	**presente** – present
fácil – easy	**moderno** – modern	**probable** – probable
festivo – holiday	**particular** – private	**severo** – severe

Places

la aula – classroom
la cantina – canteen, dining area
el colegio mixto – mixed school
el colegio técnico – technical
  school

la escuela – primary school
el gimnasio – gym
el instituto – school
el laboratorio – school
el pasillo – corridor

el patio de recreo – playground
la sala de clase – classroom
la sala de música – music room
la sala de profesores – staff room

la goma

el bolígrafo

el lápiz

Equipment

el bolígrafo – pen
la calculadora – calculator
el cuaderno – exercise book
la fotocopiadora – photocopier

la goma – rubber
la hoja de papel – sheet of paper
el lápiz – pencil
el libro – book

el libro de texto – textbook
el ordenador – computer
la regla – ruler
el sacapuntas – pencil sharpener

People

el/la alumno/a – pupil
el/la director/a – headteacher

el/la estudiante – student

el/la profesor/a – teacher

Verbs

aburrirse – to be bored
acabar de – to have just
aprender – to learn
aprobar – to pass (an exam)
arreglar – to sort out
comenzar – to begin
comprender – to understand
copiar – to copy
corregir – to correct
deber – to have to
dejar el colegio – to leave school
deletrear – to spell
dibujar – to draw
empezar – to begin
enseñar – to teach
entender – to understand

escoger – to choose
escuchar – to listen
estudiar – to study
explicar – to explain
fracasar – to fail
inquietarse – to worry
interesarse por – to be interested
  in
levantar la mano – to raise one's
  hand
necesitar – to need
ofrecer – to offer
olvidarse de – to forget
organizar – to organise
pasar lista – to call the register
permitir – to allow

preguntar – to ask
preocuparse – to worry
preparar – to prepare
querer decir – to mean
repasar – to revise
repetir – to repeat
responder – to answer
sacar buenas notas – to get good
  marks
sacar malas notas – to get bad
  marks
significar – to mean
suspender – to fail (an exam)
terminar – to finish
traducir – to translate

PROGRESS CHECK

Give the Spanish for the following:
1 chemistry
2 pencil
3 to get bad marks
4 easy
5 My school is modern and the teachers are nice.
6 I like history, but I prefer Spanish.

1 la química 2 el lápiz 3 sacar malas notas 4 fácil 5 Mi instituto es moderno y los profesores son simpáticos. 6 Me gusta la historia pero prefiero el español.

Conversation: Grades G–D

AQA A   AQA B
EDEXCEL
OCR
WJEC
NICCEA

● Make sure you can answer these questions without thinking.
● Get someone to ask you these questions so you can practise answering them without using the book.

¿Qué asignatura prefieres?	Prefiero el español.
¿Por qué?	Me gusta el/la profesor(a).
¿Qué asignatura te gusta menos?	Me gusta menos el francés.
¿Qué deportes practicas en el colegio?	Juego al fútbol/al tenis/al hockey.
¿Cómo vienes al colegio por la mañana?	Vengo a pie/en coche/en autocar.
¿Cómo viniste al colegio esta mañana?	Vine a pie/en coche/en autocar.
¿A qué hora llegas?	Llego a las nueve menos cuarto.
¿A qué hora empiezan las clases?	Empiezan a las nueve y veinte.
¿Cuántas clases tienes cada día?	Tengo cinco clases cada día.
¿Cuánto tiempo dura cada clase?	Cada clase dura una hora.
¿A qué hora es el recreo?	El recreo es a las once y veinte.
¿Cuánto tiempo dura el recreo?	El recreo dura veinte minutos.
¿Qué haces durante el recreo?	Hablo con mis amigos/as y como un bocadillo.

The more you say, the more marks you will get

¿Cuántos alumnos hay en tu colegio?	Hay seiscientos alumnos en mi colegio.
¿Cuántos profesores hay en tu colegio?	Hay cuarenta profesores.
¿Qué haces durante la hora de comer?	Como mis bocadillos y juego al tenis.

Conversation: Grades C–A*

AQA A   AQA B
EDEXCEL
OCR
WJEC
NICCEA

Look for opportunities to:

- use different tenses;
- give and justify opinions;
- use extended sentences with impressive vocabulary.

An opportunity to use a preterite.	¿Cómo viniste al colegio esta mañana?	Vine a pie/en coche/en autocar.
	¿Cómo te preparas para el colegio por la mañana?	Me despierto a las siete, me levanto a las siete y cuarto, me lavo, me visto y tomo el desayuno. Luego preparo mis libros y salgo.
The more you say, the more marks you will get.	Describe un día en tu colegio.	Llego a las nueve menos cuarto. Voy a mi sala de clase y el profesor pasa lista. Luego voy a la primera clase. Hay otra clase luego es el recreo.
	¿Qué haces durante el recreo?	Charlo con mis amigos, como patatas fritas y bebo limonada.
	Y ¿después?	Tenemos una clase más y luego es la hora de comer. A veces vuelvo a casa para comer, a veces como bocadillos y a veces como en la cantina. Luego hay dos clases más y vuelvo a casa y hago mis deberes.
	Describe tu colegio.	Una parte del colegio es muy vieja y la otra parte es moderna. Hay terrenos de fútbol, pistas de tenis, laboratorios y una biblioteca. No tenemos piscina pero hay una muy cerca.
	Háblame de tus asignaturas y tus clases.	Estudio ocho asignaturas, el inglés, las matemáticas, el español, la física, la química, la biología, la tecnología y el francés. Hay novecientos alumnos y sesenta profesores más o menos. Tenemos cinco clases diarias y cada clase dura una hora.
This is a difficult structure: you will get extra marks if you get it right.	¿Desde hace cuánto tiempo estudias el español?	Estudio el español desde hace tres años.
An opportunity to use more preterites.	¿Qué hiciste en tu instituto ayer?	Llegué a las nueve, fui a mis clases, charlé con mis amigos, jugué al tenis y volví a casa.
An opportunity to use future tenses.	¿Qué harás en tu instituto mañana?	Iré a mis clases, hablaré con mis amigos, jugaré al baloncesto, comeré mis bocadillos y volveré a casa.
	¿Te gusta tu instituto?	Odio mi instituto porque los profesores nos dan demasiados deberes, son muy estrictos, no nos tratan como adultos y me marcharé lo antes posible.
An opportunity to give opinions and justify them.		

La vida cotidiana (Everyday life)

1.3 At home

LEARNING SUMMARY

After studying this section and the following exercises, you should be able to:

● *describe your home, where it is and what it looks like*
● *describe the rooms in your home*
● *talk about what you did and will do in your bedroom*
● *understand information about a home in a Spanish-speaking country*

En casa (At home)

AQA A AQA B
EDEXCEL
OCR
WJEC
NICCEA

You need to be able to talk for a minute or two about your home, describing the rooms and the garden and being able to talk in the preterite about what you did at home and in the future about what you will do there. A common question in the writing exam is to describe your ideal home. If you are taking the coursework option, you might like to use that as a title.

Houses

la casa adosada – semi-detached house

la casa de campo – country house
la casa de un piso – bungalow

la casa independiente – detached house

la cortina

la lámpara

la papelera

Around the home

el aire aclimatizado – air conditioning
el aire acondicionado – air conditioning
el balcón – balcony
la barrera – gate
la bombilla – light bulb
la calefacción central – central heating
la casa – house
la cortina – curtain

el cristal – pane of glass
el cuadro – picture
el cubo de la basura – rubbish bin
la electricidad – electricity
la esquina – corner (outside)
la lámpara – lamp
la luz (las luces) – light(s)
los muebles – furniture
la papelera – wastepaper basket
la pared – wall
la persiana – blinds

la planta baja – the ground floor
el primer piso – first floor
la puerta – door
la puerta principal – front door
el radiador – radiator
el reloj – clock
el rincón – corner (inside)
el suelo – floor
el techo – ceiling
el tejado – roof
la ventana – window

Rooms

el comedor – dining room
el cuarto de baño – bathroom
el cuarto de estar – living room
el dormitorio – bedroom
la escalera – stairs

el estudio – study
el garaje – garage
la habitación – room, bedroom
el pasillo – corridor
el patio – patio

el piso – floor
la sala de estar – living room
el salón – living room
el sótano – basement
el vestíbulo – hall

Materials

el acero – steel
el algodón – cotton
el cuero – leather
el hierro – iron
la lana – wool

la madera – wood
el nilón – nylon
el oro – gold
la piel – leather
la plata – silver

el plomo – lead
la seda – silk
el vidrio – glass

Adjectives

amueblado – furnished
cómodo – comfortable
ideal – ideal
importante – important

incómodo – uncomfortable
interior – interior
lujoso – luxurious
magnífico – magnificent

mismo – same
moderno – modern
otro – another
viejo – old

Verbs

afeitarse – to shave
apagar – to switch off (e.g. light)
aparcar – to park
barrer – to sweep
calentar – to heat
casarse – to get married
cepillarse – to brush (e.g. teeth, hair)
cerrar – to close
cerrar con llave – to lock
cocinar – to cook
coger – to get
compartir – to share
dejar – to let, to leave
descansar – to rest

desnudarse – to get undressed
despertarse – to wake up
dormir – to sleep
dormirse – to fall asleep
ducharse – to have a shower
encender la luz – to switch on the light
funcionar – to work (of machinery)
lavar – to wash
lavar los platos – to wash the dishes
lavarse – to get washed
lavarse el pelo – to wash one's hair

lavarse los dientes – to clean one's teeth
levantarse – to get up
limpiar – to clean
madrugar – to get up early
pasar la aspiradora – to do the vacuuming
peinarse – to comb one's hair
planchar – to iron
poner la mesa – to lay the table
quitar la mesa – to clear the table
reparar – to repair
secar – to dry
vestirse – to get dressed

el estéreo

el televisor

la pintura

Living room/Dining room

la alfombra – carpet
el aparador – sideboard
la butaca – armchair
el canapé – settee
el casette – cassette (player)
la chimenea – fireplace

la cómoda – chest of drawers
la estantería – shelf
el estéreo – stereo, hi-fi
la moqueta – carpet
la pintura – painting
el radio – radio

el sillón – armchair
el sofá – settee
el televisor – TV (set)
el vídeo – video (recorder)

Bedroom

la almohada – pillow
el cajón – drawer
la cama – bed
la cama de matrimonio – double bed
la cómoda – chest of drawers

el despertador – alarm clock
el estante – shelf
la guardarropa – wardrobe
la manta – blanket
el ordenador – computer

el póster – poster
la sábana – sheet
la secadora/el secadora de pelo – hairdryer
el tocador – dressing table

el baño

la ducha

el champú

Bathroom

el baño – bath
el cepillo de dientes – toothbrush
el champú – shampoo
la ducha – shower
el espejo – mirror
el grifo – tap
el jabón – soap

el lavabo – washbasin
el maquillaje – make-up
la máquina de afeitar – electric shaver
la maquinilla de afeitar – (safety) razor
la pasta de dientes – toothpaste

el peine – comb
el perfume – perfume
las tijeras – scissors
la toalla – towel

Kitchen

el abrelatas – tin-opener
el armario – cupboard
la bandeja – tray
la cacerola – saucepan
la cocina – kitchen
la cocina – cooker
la cocina de gas – gas cooker
la cocina eléctrica – electric cooker

la congeladora – freezer
el fregadero – sink
el frigorífico – fridge
el grifo – tap
el horno – oven
la lata – tin
la lavadora – washing machine
el lavaplatos – dishwasher
la mesa – table

el microondas – microwave oven
la nevera – fridge
el olor – smell
el sacacorchos – corkscrew
la sartén – frying pan
la silla – chair
la taza – cup

el árbol

la hoja

la rosa

Garden

el árbol – tree	**la hoja** – leaf	**la rama** – branch
el arbusto – shrub	**el jardín** – garden	**la rosa** – rose
el césped – lawn	**el manzano** – apple tree	**el sendero** – path
la flor – flower	**el muro** – wall	**el seto vivo** – hedge
la hierba – grass	**la planta** – plant	

Housework

la aspiradora – vacuum cleaner	**el cepillo** – brush	**la plancha** – iron
la basura – rubbish	**la mancha** – stain	**los quehaceres** – chores
	el orden – order (tidiness)	

PROGRESS CHECK

Give the Spanish for the following:
1 dishwasher
2 bedroom
3 toothbrush
4 bed
5 Yesterday I washed the dishes.
6 This evening I will cook the dinner.

1 el lavaplatos   2 el dormitorio/la habitación   3 el cepillo de dientes   4 la cama   5 Ayer lavé los platos.   6 Esta tarde prepararé la cena.

Conversation: Grades G–D

- You need to be able to answer these questions without thinking.
- The longer your answers, the more marks you will get.
- If you give very short answers or answers without a verb, you will lose marks.

¿Vives en una casa o un piso?	Vivo en una casa/un piso.
¿Cómo es tu casa?	Mi casa es pequeña y cómoda.
¿A qué distancia se encuentra tu casa del colegio?	Se encuentra a cinco kilómetros de mi colegio.

You could name the rooms and get more marks.

¿Cuántas habitaciones hay en tu casa?	Hay ...... habitaciones.
¿Qué ves por la ventana de tu dormitorio?	Veo las casas de mis vecinos.

Add a few more details!

¿Qué hay en tu jardín?	Hay flores y árboles.
¿Qué hay en tu dormitorio?	Hay una cama, una mesa y una silla.

Conversation: Grades C–A*

AQA A **AQA B**
EDEXCEL
OCR
WJEC
NICCEA

Remember:

- use long sentences;
- use past, present and future tenses;
- give opinions;
- justify your opinions;
- ask the teacher a question!

Describe tu casa.

Mi casa es muy bonita. Hay tres dormitorios, una cocina, un comedor, una sala de estar y un cuarto de baño.

Describe tu dormitorio.

Mi dormitorio es muy cómodo. Hay una cama, una silla, una mesa, un estéreo, un televisor y muchos libros. Es mi habitación favorita.

A chance to use the present tense.

¿Qué haces en tu dormitorio?

Hago muchas cosas. Hago mis deberes, leo, escucho música, veo la televisión y duermo, por supuesto.

Por supuesto means 'of course'.

¿Qué hiciste anoche en tu dormitorio?

Hice mis deberes, leí, escuché música, vi la tele y por supuesto dormí.

Remember, use at least five preterites; one or two should be irregular for maximum effect.

Now five futures.

¿Qué harás esta tarde en tu dormitorio?

Haré mis deberes, escucharé música, leeré, veré la tele y por supuesto dormiré.

Describe tu cocina.

Mi cocina es muy moderna. Hay una nevera, un lavaplatos, una lavadora y una mesa con cuatro sillas. Desde la cocina se ve el jardín.

Describe tu sala de estar.

Mi sala de estar es muy cómoda. Hay un sofá, dos sillones, una alfombra roja, un televisor, un estéreo y cortinas muy bonitas.

¿Tienes un jardín?

Sí, tenemos un jardín detrás de la casa. Es muy bonito. Hay un césped, árboles, plantas y flores

A perfect tense! This gets you more marks.

También hemos plantado patatas, cebollas, guisantes y zanahorias. A mis padres les gusta trabajar en el jardín.

This gustar construction is difficult and will get you extra marks.

1.4 Grammar

LEARNING SUMMARY

After studying this section, you should know about:

- **grammatical terms**
- **the indefinite and definite articles**
- **nouns**
- **the present tense**

Grammatical terms

AQA A   AQA B
EDEXCEL
OCR
WJEC
NICCEA

Before you start your grammar revision, you need to familiarise yourself with some grammatical terms.

Look at this sentence:

The girl quickly makes a delicious cake in the kitchen.

The	definite article
girl	noun (subject)
quickly	adverb
makes	verb
a	indefinite article
delicious	adjective
cake	noun (direct object)
in	preposition
the	definite article
kitchen.	noun

- The definite article is the grammatical name given to the word 'the'.
- The indefinite article is the name given to the word 'a' or 'an'.
- A noun is a person, place, thing or animal (e.g. Tom, London, chair, cat).
- A verb is a word that describes an action (e.g. eats).
- An adjective is a word that describes a noun (e.g. pretty).
- An adverb is a word that describes a verb. It tells you how an action is done (e.g. quickly). Many adverbs in English end in '-ly'.
- A preposition is a word placed before a noun or a pronoun to indicate time, place or condition (e.g. on the table).

- A conjunction is a word that links two parts of a sentence e.g. 'He was eating *and* drinking'. The most common conjunctions in English are 'and' and 'but'.

- A pronoun is a word that stands in place of a noun. In the sentence above, we could replace the noun 'the girl' by the pronoun 'she'. Similarly, 'a cake' could be replaced by 'it'.

- A relative pronoun is a word that links one part of a sentence to another. In English the relative pronouns are 'who', 'whom', 'which', 'where' and 'that', e.g. 'I gave him all the money that I earned'. The two parts of the sentence – 'I gave him all the money' and 'I earned' – are linked together by the relative pronoun 'that'.

- A negative is a word like 'not' or 'never' that indicates an action is not being done.

- Gender refers to whether a word is masculine or feminine.

- The subject is the name given to the person or thing doing the action. In the sentence above, the subject is 'the girl'.

- The direct object is the name given to the person or thing that has the action done directly to it. In the sentence above, 'a cake' is the object because it is made by the girl.

PROGRESS CHECK

Answer these questions.
The clumsy goalkeeper suddenly dropped the ball.

1. What is the subject?
2. Find the verb.
3. Find an adjective.
4. Find an adverb.
5. Find a definite article.

He dropped it at my feet and I scored.

6. Find an object pronoun.
7. Find a preposition.
8. Find a noun.
9. Find a conjunction.

1 Goalkeeper 2 dropped 3 clumsy 4 suddenly 5 the 6 it 7 at 8 feet 9 and

---

Definite and indefinite articles

AQA A   AQA B
EDEXCEL
OCR
WJEC
NICCEA

'The definite article' is the grammatical way of referring to 'the'.

'The indefinite article' is the grammatical way of referring to 'a' or 'an'.

	definite article (the)		indefinite article (a, an, some)	
	masculine	feminine	masculine	feminine
singular	el	la	un	una
plural	los	las	unos	unas

> **KEY POINT**
>
> de + el becomes del
> a + el becomes al
> e.g. el libro *del* niño   the boy's book
>   Fui *al* supermercado. I went to the supermarket.

El and *un* are also used before feminine nouns that begin with a stressed *a-* or *ha-* (but not when separated by an adjective).

el agua	the water
el arma	the weapon
la vieja arma	the old weapon

But *la alfombra*   the carpet (the *a-* is not stressed)

However, the gender of the noun does not actually change, so all other changes are the same as for other feminine nouns . . .

*El agua está **fría**.*   The water is cold.

. . . and the plural is always *las* or *unas*.

las aguas	the waters
las armas	the weapons
unas armas	some weapons

The definite article is used:

- when referring to nouns in a general sense:

  El vino es importante en España.   Wine is important in Spain.

- with the name of a language, except when it comes directly after *aprender*, *hablar* or *saber*:

  El español es fácil. Spanish is easy.
  Hablo español.   I speak Spanish.

- before titles:

  la reina Isabel   Queen Elizabeth
  el señor García   Mr García

> **KEY POINT**
>
> You leave out the article when talking directly to the person:
> Buenos días, Señor García.   Good morning, Mr García.

- when saying 'on Saturday', 'on Friday', etc.:

  el sábado on Saturday
  el viernes on Friday
  los sábados   on Saturdays

- in certain expressions when it is not used in English:

en la cama	in bed	*en el hospital*	in hospital
en la iglesia	in church	*en la televisión*	on television
en la cárcel	in prison	*en el colegio*	at school

The indefinite article is omitted:

● before occupations and nationality:

Ella es profesora.	She is a teacher.
Él es inglés.	He is an Englishman.

● before *medio, mil, ¡qué . . . !* and *tal*:

medio litro	half a litre
mil pesetas	a thousand pesetas
¡Qué día!	What a day!
tal cosa	such a thing

Nouns

AQA A AQA B
EDEXCEL
OCR
WJEC
NICCEA

Unusual genders

These nouns end in *-a*, but are masculine.			
el problema	problem	*el futbolista*	footballer
el programa	programme	*el clima*	climate
el síntoma	symptom	*el día*	day
el sistema	system	*el idioma*	language
el mapa	map	*el tema*	theme
el pijama	pyjamas	*el drama*	drama

These nouns end in *-o*, but are feminine.			
la foto	photograph	*la moto*	motorcycle
la mano	hand	*la radio*	radio

Compound nouns are masculine.			
el abrelatas	tin-opener	*el parabrisas*	windscreen
el sacacorchos	corkscrew	*el lavaplatos*	dishwasher

Some words can be both masculine and feminine, but they change their meaning according to their gender.			
el cura	priest	*la cura*	cure
el pendiente	earring	*la pendiente*	slope
el policía	policeman	*la policía*	police

Plurals

To form the plural of nouns, add *-s* to an unstressed vowel and *-es* to a consonant.			
el chico	the boy	*los chicos*	the boys
el dolor	pain	*los dolores*	pains
la silla	the chair	*las sillas*	the chairs
la flor	flower	*las flores*	flowers
Words ending in *-z* change the *-z* to *-ces* in the plural.			
el lápiz	pencil	*los lápices*	pencils
la vez	time	*las veces*	times
Words ending in a stressed *-ión*, *-ón* or *-és* lose their accents in the plural.			
la canción	song	*las canciones*	songs
el francés	Frenchman	*los franceses*	the French
el montón	pile	*los montones*	piles

KEY POINT

Note that the following usually denote a mixture of sexes:
los abuelos (grandparents)
los hermanos (brothers and sisters)
los hijos (children, i.e. boys and girls)

PROGRESS CHECK

Give the Spanish for the following:

1 the teacher's chair
2 I went to the market.
3 the new carpet
4 the dirty water
5 The water is dirty.
6 I like cats.
7 English is easy.
8 I learn English.
9 I speak English.
10 I know English.
11 King Charles
12 Good evening, Mr Gómez.
13 I know Mr Gómez.
14 I went there on Saturday.
15 He is a lawyer and his wife is a Spaniard.

1 la silla del profesor/de la profesora   2 Fui al mercado.   3 la alfombra nueva   4 el agua sucia
5 El agua está sucia.   6 Me gustan los gatos.   7 El inglés es fácil.   8 Aprendo inglés.   9 Hablo
inglés.   10 Sé inglés.   11 el rey Carlos   12 Buenas tardes, Señor Gómez.   13 Conozco al señor
Gómez.   14 Fui allí el sábado.   15 Él es abogado y su esposa es española.

The present tense

AQA A AQA B
EDEXCEL
OCR
WJEC
NICCEA

After studying this section, you should be familiar with the present tense in Spanish. Learn the regular verbs first, as they are the easiest. Unfortunately, most common Spanish verbs are irregular, and you just have to learn them individually.

 KEY POINT The infinitives of all verbs end in either -ar, -er or -ir.

Regular verbs

-ar verbs	
miro	I look
miras	you (*tú*) look
mira	he, she looks; you (*usted*) look
miramos	we look
miráis	you (*vosotros*) look
miran	they look; you (*ustedes*) look

-er verbs	
como	I eat
comes	you (*tú*) eat
come	he, she eats; you (*usted*) eat
comemos	we eat
coméis	you (*vosotros*) eat
comen	they eat; you (*ustedes*) eat

-ir verbs	
vivo	I live
vives	you (*tú*) live
vive	he, she lives; you (*usted*) live
vivimos	we live
vivís	you (*vosotros*) live
viven	they live; you (*ustedes*) live

PROGRESS CHECK

Give the Spanish for the following:
1 I eat fish.
2 I watch the film while he looks for his book.
3 They live in a city, but I live in the country.

1 *Como pescado.* 2 *Miro la película mientras él busca su libro.* 3 *Viven en la ciudad pero yo vivo en el campo.*

Radical-changing verbs

'Radical-changing' means that the stem of the verb changes when stressed.

 KEY POINT Because the endings are stessed in the nosotros and vosotros forms, the stem does not change.

There are three groups of radical-changing verbs.

These can be *-ar*, *-er* or *-ir* verbs.

Group 1

Verbs that change *-e-* to *-ie-*

Group 1 -ar verbs

cerrar to close

cierro	I close	cerramos	we close
cierras	you close	cerráis	you close
cierra	he, she closes; you close	cierran	they close; you close

Verbs like cerrar:

despertar	to awaken	sentarse	to sit down
empezar	to begin	nevar	to snow
pensar	to think		

Group 1 -er verbs

perder to lose

pierdo	I lose	perdemos	we lose
pierdes	you lose	perdéis	you lose
pierde	he, she loses; you lose	pierden	they lose; you lose

Verbs like perder:

encender	to light
entender	to understand
querer	to want, to like, to love

Group 1 -ir verbs

preferir to prefer

prefiero	I prefer	preferimos	we prefer
prefieres	you prefer	preferís	you prefer
prefiere	he, she prefers; you prefer	prefieren	they prefer; you prefer

Verbs like preferir:

divertirse	to amuse oneself
sentir	to feel

PROGRESS CHECK

Give the Spanish for the following:
1 I close the door.
2 I wake up at six.
3 They begin to study at seven.
4 We think that it is silly.
5 I understand what he says.
6 They lose every game.
7 I want to go home.
8 I feel tired.

1 *Cierro la puerta.* 2 *Me despierto a las seis.* 3 *Empiezan a estudiar a las siete.* 4 *Pensamos que es tonto.* 5 *Entiendo lo que dice.* 6 *Pierden todos los partidos.* 7 *Quiero ir a casa.* 8 *Me siento cansado/a.*

These can be -*ar*, -*er*
or -*ir* verbs.

Group 2

Verbs that change -*o*- or -*u*- to -*ue*-

Group 2 -ar verbs			
encontrar to meet, to find			
encuentro	I meet	*encontramos*	we meet
encuentras	you meet	*encontráis*	you meet
encuentra	he, she meets;	*encuentran*	they meet
	you meet	;	you meet

Verbs like encontrar:

acordarse	to remember	*jugar*	to play
contar	to tell	*volar*	to fly
costar	to cost		

Group 2 -er verbs			
volver to return			
vuelvo	I return	*volvemos*	we return
vuelves	you return	*volvéis*	you return
vuelve	he, she returns;	*vuelven*	they return; you return
	you return		

Verbs like volver:

doler	to hurt
poder	to be able
llover	to rain

Group 2 -ir verbs			
dormir to sleep			
duermo	I sleep	*dormimos*	we sleep
duermes	you sleep	*dormís*	you sleep
duerme	he, she sleeps;	*duermen*	they sleep; you sleep
	you sleep		

Verbs like dormir:

morir	to die

PROGRESS CHECK

Give the Spanish for the following:
1 I remember my holidays in Spain.
2 They play tennis on Saturdays.
3 I fly to Spain tomorrow.
4 My arm hurts.
5 It rains in the winter.
6 We return tomorrow.
7 I sleep very well.

1 Me acuerdo de mis vacaciones en España.   2 Juegan al tenis los sábados.   3 Vuelo a España mañana.   4 Me duele el brazo.   5 Llueve en invierno.   6 Volvemos mañana.   7 Duermo muy bien.

GROUP 3

Verbs that change -e- to -i-

pedir to ask (for)			
pido	I ask	pedimos	we ask
pides	you ask	pedís	you ask
pide	he, she asks; you ask	piden	they ask; you ask
Verbs like pedir:			
despedirse de	to say goodbye to	seguir	to follow
reír	to laugh	vestirse	to get dressed
repetir	to repeat		

PROGRESS CHECK

Give the Spanish for the following.
1 He asks for the bill.
2 I follow my friends.
3 I get dressed and then go out.

1 *Pide la cuenta.*   2 *Sigo a mis amigos.*   3 *Me visto y salgo.*

Irregular verbs (first person only)

Many verbs that are irregular in the present tense are only irregular in the first person singular. After that they are regular.

hacer to do, to make	
hago	I do
haces	you do
hace	he, she does; you do
hacemos	we do
hacéis	you do
hacen	they do; you do
Other verbs that are irregular in the first person only are:	
caer (to fall)	caigo, caes, etc.
conducir (to drive)	conduzco, conduces, etc.
conocer (to know)	conozco, conoces, etc.
dar (to give)	doy, das, etc.
ofrecer (to offer)	ofrezco, ofreces, etc.
poner (to put)	pongo, pones, etc.
saber (to know)	sé, sabes, etc.
salir (to go out)	salgo, sales, etc.
traer (to bring)	traigo, traes, etc.
ver (to see)	veo, ves, etc.

Irregular verbs

The following verbs are irregular throughout the present tense. Unfortunately they are some of the most common verbs in Spanish, so make sure you learn them thoroughly.

decir (to say)	*huir* (to flee)	*ser* (to be)
digo	huyo	soy
dices	huyes	eres
dice	huye	es
decimos	huimos	somos
decís	huís	sois
dicen	huyen	son
estar (to be)	*ir* (to go)	*tener* (to have)
estoy	voy	tengo
estás	vas	tienes
está	va	tiene
estamos	vamos	tenemos
estáis	vais	tenéis
están	van	tienen
haber (to have (aux.))	*oír* (to hear)	*venir* (to come)
he	oigo	vengo
has	oyes	vienes
ha	oye	viene
hemos	oímos	venimos
habéis	oís	venís
han	oyen	vienen

PROGRESS CHECK

Give the Spanish for the following:
1 I do, I fall, I drive, I know, I give, I offer, I put, I go out, I bring, I see.
2 I say that I am in the dining room.
3 We go when we hear the noise.
4 I am a member and I have a card.

1 hago, me caigo, conduzco, sé/conozco, doy, ofrezco, pongo, salgo, traigo, veo   2 Digo que estoy en el comedor.   3 Nos vamos cuando oímos el ruido.   4 Soy miembro y tengo una tarjeta.

Sample GCSE questions

Speaking

Role-play 1

Hablas con tu amigo español sobre tu uniforme.

1. Describe tu uniforme.

2. Da tu opinión sobre la ausencia de uniforme en España.

3. Cuando tu amigo dice que el uniforme es una buena idea, di que no estás de acuerdo y da razones.

Examiner's role and suggested answers

Examiner	*Me gusta la idea de llevar uniforme. ¿Cómo es el tuyo?*
Candidate	*Tengo que llevar un pantalón gris/una falda gris, calcetines grises, zapatos negros, una camisa/camiseta blanca y una corbata azul y gris.*
Examiner	*¡Qué raro!*
Candidate	*¿Llevas uniforme en España?*
Examiner	*Nunca. Pero me parece una buena idea.*
Candidate	*No estoy de acuerdo.*
Examiner	*¿Por qué?*
Candidate	*Es muy caro.*
Examiner	*Pero no es más caro que otra ropa.*
Candidate	*Sí, pero mis padres no me compran otra ropa. Tienen que comprar uniforme y me quedo sin buena ropa.*
Examiner	*Entiendo.*
Candidate	*Además es muy feo.*
Examiner	*No estoy de acuerdo.*
Candidate	*Tú ves el uniforme un día o dos. Yo veo el uniforme todos los días. Es espantoso, sobre todo el color.*

> This is a Higher Tier test. You will have time before the test to prepare your answers.
> You will not be allowed a dictionary.
> Try and work out an answer yourself, then listen to the CD and read the transcript.

> You may have to come to an agreement about something, persuade someone about something or sort out a problem. You may have to start off by saying that you want to do something or that you like something. The examiner/your teacher will then disagree with you.

> The examiner will be under instructions to argue with you. You must convince him/her that uniform is a bad idea.

Sample GCSE questions

Role-play 2

Hablas con tu amigo/a. Tenéis que decidir . . .

1. ¿Adónde?
2. ¿Qué día?
3. ¿A qué hora?
4. ¿Con quién?

Lunes	al colegio por la mañana	a la playa por la tarde con Elena
Martes	nada	nada
Miércoles	al colegio por la mañana	baloncesto con Pablo
Jueves	al colegio por la mañana	un paseo en las montañas con Pablo y Elena
Viernes	nada	nada
Sábado	vuelvo a Inglaterra	

You need to know the 'question' words.

You can be sure you will be asked about your free days.

You may be given a timetable. You have to negotiate the best time to go out and also decide where you are going.

Examiner's role and suggested answers

Examiner   Bueno, a mí me gusta ir al cine o ir a la discoteca, ¿Qué prefieres?

Candidate   Prefiero ir al cine.

Examiner   ¿Qué días tienes libre?

Candidate   Tengo el martes libre y el viernes libre.

Examiner   Esos dos días tengo demasiados deberes. ¿Qué haces el miércoles por la tarde?

Candidate   Juego al baloncesto con Pablo.

Examiner   ¿A qué hora termina el partido?

Candidate   A las ocho.

Examiner   Bueno vamos después de las ocho. ¿Con quién vamos?

Candidate   Vamos con Pablo y Elena.

Sample GCSE questions

Presentation

In your speaking exam, you may have to do a presentation of about 120
words – check with your teacher. Why not do your presentation on a
famous person – a footballer or pop or film star? You could follow this plan:

> **You will find it takes about one minute to say 120 words.**

- *Introducción* (introduction) — 15 words
- *He escogido esta persona porque* (I have chosen this person because . . .) — 10 words
- *Descripción física* (physical description) — 20 words
- *Lo que ha hecho* (what he/she has done) — 50 words
- *Su personalidad* (his/her personality — 15 words

Introducción

Voy a hablar de . . .	I am going to talk about . . .
Nació en ...... en mil novecientos setenta y tres.	He/She was born in ...... in 1973.
Murió en ...... a la edad de	He/She died in ...... at the age of ......
Vive en ...... con su esposa /marido/hijos.	He/She lives in ...... with his/her wife/husband/children.
...... es muy especial porque . . .	...... is special because . . .
Es famoso/a por todo el mundo.	He/She is famous all over the world.
Es una persona excepcional.	He/She is an exceptional person.

> **Use this one if the person is dead.**

He escogido esta persona porque . . .

me encanta el fútbol/el cine/el deporte/la música rock. también juego al fútbol/veo el fútbol en la tele/soy aficionado/a al Wolves.	I like football/cinema/sport/rock music. I also play football/watch football on TV/am a Wolves supporter.
voy al cine una vez a la semana.	I go to the cinema once a week.
he asistido a muchos de sus conciertos.	I have been to many of his/her concerts.

Descripción física

Es alto/a/de talla mediana.	He/She is tall/medium size.
Tiene el pelo largo y negro/corto y marrón.	He/She has long, black/short, brown hair.
Ahora es calvo.	Now he is bald.
Tiene los ojos azules/verdes.	He/She has blue/green eyes.

> **Take a photo into the exam and point out the characteristics.**

Sample GCSE questions

Lo que ha hecho

Es un futbolista famoso.	He is a famous footballer.
Es un cantante estupendo/a.	He/She is a fantastic singer.
Canta música rock. Ha hecho muchos CDs.	He/She sings rock music and has made many CDs.
Es estrella del cine.	He/She is a film star.
Me ha ayudado mucho.	He/She has helped me a lot.
Marcó muchísimos goles.	He has scored a lot of goals.
Ha hecho muchísimas películas estupendas.	He/She has made many marvellous films.
Mi película favorita es ...... .Se trata de un hombre llamado ...... y una mujer llamada	My favourite film is .... It is about a man called ...... and a woman called ....
Ha ganado muchas medallas.	He/she has won lots of medals.
Ha ganado muchos premios/muchos trofeos.	He/She has won many prizes/trophies.
Ha ayudado a los pobres.	He/She has helped the poor.
Trabajó toda su vida en . . .	He/She worked all his/her life in . . .
Ha jugado setenta veces para Inglaterra.	He/She has played 70 times for England.

Find a photo of the person doing something eye-catching and use it in your presentation.

Use the Internet to get information on your famous person.

Su personalidad

Es una persona amable/ generosa/muy dotada/paciente/graciosa.	He/She is a pleasant/generous/very gifted/patient/funny person.
viva	lively
interesante	interesting
divertido	amusing
Ha hecho muchas cosas interesantes	He/She has done many interesting things.
Ha ayudado a mucha gente.	He/She has helped many people.

Sample GCSE questions

Writing

El año pasado pasaste tus vacaciones de verano en Málaga. Quieres volver este año. Escribe una carta a la oficina de turismo de Málaga.

Ofrece esta información:

- cuántas personas viajarán;
- el tipo de alojamiento que queréis;
- las fechas de tu visita;
- cómo vas a viajar a Málaga.

Describe:

- por qué te gusta Málaga;
- por qué no quieres alojarte en el mismo hotel.

Pide: información sobre excursiones desde Málaga.

Suggested answer

> Swansea
>
> el 4 de abril
>
> Estimado Señor:
>
> Soy[1] inglés y pasé[2] unas semanas en Málaga el año pasado. Quiero[1] volver a Málaga este año. ¿Puede[1] Vd. encontrarme un hotel barato?
>
> Seremos cuatro: mi amigo, mi hermano, mi hermana y yo. Buscamos cuatro habitaciones individuales y preferimos habitaciones con baño. Llegaremos[3] en avión el tres de junio y nos marcharemos[3] el diecisiete de junio.
>
> Me encanta Málaga[4]. Me gustan las playas y las montañas cerca de la ciudad. Sobre todo me gusta el clima. El año pasado me quedé[2] en el Hotel Sol cerca del ayuntamiento. No quiero volver allí porque era[5] demasiado ruidoso, había[5] insectos en la cama y creo que[4] el dueño es un ladrón.
>
> Este año quiero[6] hacer más excursiones para visitar los sitios de interés cerca de la ciudad. Haga el favor de mandarme detalles de excursiones cerca de la ciudad.
>
> Le saluda atentamente
>
> J. Parkinson

This task is an overlap question, which means it appears on both the Foundation and the Higher Tier. The overlap question will decide whether you get a D or higher than a D. To get higher than a D, you must use past, present and future tenses and express an opinion.

This is a test to see if you can use a future tense.

The examiner wants you to use a past tense to say what happened last year.

1. Plenty of correct present tenses.
2. Correct usage of the preterite tense.
3. Correct usage of the future tense.
4. Opinions are offered.
5. Extra marks here for correct use of the imperfect .
6. You have already used quiero so you will get no credit for it. Why not use me gustaría? Then you get marks for using a conditional.

Exam practice questions

Listening

1 TRACK **4**

Escribe el nombre del chico que habla en el espacio adecuado.

1 ...C........ 2 ...R........ 3 ...L........ 4 ...J........ 5 ...E........ 6 ...J........

| Luis | Enrique | Jaime | Carlos | Rafael | José **[6]** |

2 TRACK **5**

Cuatro españoles se describen. Escucha el CD y rellena las casillas.

nombre	asignatura preferida	deporte favorito	transporte al colegio	
Juan	arte	futbol	bicicleta	
Elena	ingles	baloncesto	coche	
Sofía	aleman	cyclismo	bus	
Enrique	química	hockey	adando	**[12]**

3 TRACK **6** **Un intercambio**

Llegas a casa de tu amigo español. ¿Qué te dice? Pon una **✗** en la casilla correcta.

1. La comida se sirve . . .

   (a) antes de ver el dormitorio. ☐

   (b) después de ver el dormitorio. ☐

   (c) ahora mismo. ☐

2. La habitación está . . .

   (a) lejos de aquí. ☐

   (b) tranquila. ☑

   (c) ruidosa. ☐

3. Puedes poner tus cosas . . .

   (a) en el armario. ☑

   (b) sobre la cama. ☐

   (c) debajo de la cama. ☐

4. Para la comida hay . . .

   (a) carne. ☐

   (b) ensalada. ☐

   (c) pescado. ☑

5. Más tarde vas a . . .

   (a) bailar. ☑

   b dormir. ☐

   (c) ver la tele. ☐

6. ¿Quién vuelve más tarde?

   (a) su hermana ☐

   (b) su hermano ☑

   (c) su amigo inglés ☐

[6]

Exam practice questions

4 **TRACK 7**

Rellena los espacios en el horario.

Hora	Miércoles	Jueves	Viernes
08:30	geografía	historia	**4** ...bio...
09:30	historia	geografía	español
10:30	**1** ...ingles...	**2** química	**5** ...deporte...
11:30	recreo	**3** recreo	recreo
12:00	música	inglés	arte
13:30	comida	comida	comida
15:30	arte	música	inglés

[5]

5 **TRACK 8** **Tres alumnos**

Tres alumnos hablan de su instituto. ¿Quién dice qué? Pon una ✗ en las casillas correctas.

	Pedro	Pilar	Enrique
1 ¿A quién le gusta ir al instituto?	☐	☐	☒
2 ¿Quién no va a sus clases?	☒	☐	☐
3 ¿Quién espera el fin del trimestre con impaciencia?	☒	☐	☐
4 ¿Quién quiere ser profesor?	☐	☐	☒
5 ¿Quién menciona un profesor que le gusta?	☐	☒	☐
6 ¿Quién menciona un profesor que no le gusta?	☐	☒	☒

6 **TRACK 9**

Tres españoles explican que no tienen tiempo libre. Pon una ✗ en la casilla correcta.

1. Alfonso es una persona . . .

(a) que quiere divertirse mucho. ☒

(b) que se dedica a sus estudios. ☐

(c) caritativa. ☒

(d) vaga. *vague* ☐

2. Jaime es una persona . . .

(a) que quiere divertirse mucho. ☐

(b) que se dedica a sus estudios. ☒

(c) caritativa. ☐

(d) vaga. ☐

3. Ana es una persona . . .

(a) que quiere divertirse mucho. ☐

(b) que se dedica a sus estudios. ☐

(c) caritativa. *charitable* ☐

(d) vaga. ☒

[3]

Exam practice questions

Reading

1 He aquí un fragmento de una carta. Lee y contesta las preguntas.

> Al entrar en casa de Miguel sobre las siete ¡qué ambiente! ¡Cuánta gente! Todos mis amigos, todas mis amigas estaban allí . . . todos se reían y cada uno llevaba un regalo para mí. Incluso había un pastel en forma de dieciocho con dieciocho velas encendidas. ¡Me lo pasaba bomba! Luego sobre las nueve de la noche, ocurrió una cosa rara. Alguien llamó a la puerta, un amigo abrió y entró mi hermano. No pude dar crédito a mis ojos. Le vi por última vez hace tres años. Se marchaba a Méjico y dijo que no volvería nunca. Claro que nos abrazamos y los dos llorábamos. Pero él no fue el último visitante. Sobre las once hubo una llamada a la puerta. ¡Fue la Guardia Civil! Entraron y todos teníamos miedo. Los vecinos nos habían denunciado por el ruido. Pues nos amenazaron con multas y se fueron por fin. Pues bajamos la música y a las doce mis amigos empezaron a marcharse. Mi hermana tuvo que ir a la cama. Estaba borracha, como es costumbre en ella. Era una noche inolvidable. En mi próxima carta te contaré lo enfadado que estaba mi padre al ver la casa al día siguiente.
>
> Con cariño
>
> Laura

1. ¿Qué ocasión celebraban Laura y sus amigos?

....

2. ¿Cómo era el ambiente en la casa a las siete?

(a) triste ☐

(b) optimista ☐

(c) alegre ☑

(d) miedoso ☐

Exam practice questions

3. ¿Cómo se sintió Laura cuando su hermano llegó?

(a) decepcionada ☐

(b) sorprendida ☐

(c) miedosa ☐

(d) pesimista ☐

4. ¿Cómo se sintieron todos a las nueve cuando hubo otra visita?

(a) decepcionados ☐

(b) miedosos ☐

(c) alegres ☐

(d) optimistas ☐

5. ¿Cómo se sintieron los vecinos?

(a) irritados ☐

(b) alegres ☐

(c) miedosos ☐

(d) pesimistas ☐

6. ¿Qué suele hacer su hermana?

(a) beber demasiado ☐

(b) hacer demasiado ruido ☐

(c) bajar la música ☐

(d) marcharse ☐

7. ¿Cómo se sintió el padre de Laura?

(a) contento ☐

(b) triste ☐

(c) orgulloso ☐

(d) enojado ☑

[7]

Exam practice questions

2 Tu amigo ha hecho este test. ¿Cómo es la personalidad de tu amigo? Pon una señal en la casilla correcta.

E N C U E S T A

1. ¿Qué haces los domingos por la mañana? ☐
   - (a) Salgo con mis amigos. ☐
   - (b) Juego un deporte. ☐
   - (c) Hago mis deberes. ☐
   - (d) Voy a la misa. ☒
   - (e) Otra cosa. ☐

   Eres deportista. ☐
   trabajador. ☐
   valiente. ☐
   religioso. ☐
   generoso. ☐
   sociable. ☐
   cobarde. ☐

2. Si encuentras un perro peligroso ¿qué haces?
   - (a) No le hago caso. ☒
   - (b) Le doy algo de comer. ☐
   - (c) Me marcho. ☐
   - (d) Tengo miedo. ☐
   - (e) Le hablo. ☐

   Eres deportista. ☐
   trabajador. ☐
   valiente. ☐
   religioso. ☐
   generoso. ☐
   sociable. ☐
   cobarde. ☐

3. Has ganado la lotería. ¿Qué haces con el dinero? ☐
   - (a) Pongo todo el dinero en el banco. ☐
   - (b) Viajo por todo el mundo. ☐
   - (c) Invito a todos mis amigos a una gran fiesta. ☒
   - (d) No digo nada a nadie. ☐
   - (d) Doy el dinero a mis padres. ☐

   Eres deportista. ☐
   trabajador. ☐
   valiente. ☐
   religioso. ☐
   generoso. ☐
   sociable. ☐
   cobarde. ☐

4. ¿Qué tipo de programa te gusta en la tele?
   - (a) programas religiosos. ☐
   - (b) telenovelas. ☐
   - (c) partidos en directo. ☒
   - (d) películas. ☐
   - (e) actualidades. ☐

   Eres deportista. ☐
   trabajador. ☐
   valiente. ☐
   religioso. ☐
   generoso. ☐
   sociable. ☐
   cobarde. ☐

[4]

Exam practice questions

3 Lee esta postal.

> Saludos. Estoy pasando dos
> semanas aquí en la capital de Fran-
> cia y hace sol y calor. Los franceses
> son muy simpáticos y nos encanta
> la cocina francesa. No queremos
> volver a España tanto nos gusta
> nuestra estancia aquí. Ayer tuvimos
> un pequeño problema con el coche:
> los frenos dejaron de funcionar.
> Hasta pronto
> Angela y familia

> 9 The Street
> Smalltown
> Northshire
> NT33 6XY
> Gran Bretaña

Rellena los espacios con las palabras de la casilla para dar el sentido del mensaje.

Angela y su familia pasan una **1** .... en **2** .... y el tiempo es **3** .... Les gusta la **4**

.... y la **5** .... No tienen **6** .... de volver a España porque se lo pasan **7** .... en

Francia. Ayer hubo una **8** .... Se trataba de los frenos.

| ganas puente bien estupendo libro avería quincena París cocina gente |
| barcos jueves día |

[8]

4 Ves este letrero. Contesta las preguntas.

> BUSCAMOS A ESTE HOMBRE.
> POR ASESINATO.
> POR SECUESTRO DE UN NIÑO.
> POR ATRACO DE UNA JOYERÍA.
> SE LLAMA JORGE PEREZ.
> ES PERUANO. TIENE CUARENTA ANOS.
> HA PASADO VEINTE AÑOS EN LA CARCEL.
> SE ESCAPÓ DE LA CARCEL HACE UNA SEMANA.
> ES ALTO, DELGADO, NO LLEVA GAFAS, TIENE BIGOTE.

Exam practice questions

1. ¿Cuáles son los tres crímenes de Jorge Pérez? Pon una señal en tres de las casillas.

(a) robó dinero de un banco ☐

(b) fraude ☐

(c) raptó a una persona ☐

(d) robó diamantes, oro, etc. ☐

(e) mató a alguien ☐

(f) hirió a un guardia ☐

2. ¿De dónde es?

(a) América del Sur ☒

(b) Australia ☐

(c) Europa ☐

(d) África ☐

3. ¿Cuántos años tiene?

(a) 18 ☐　　(b) 20 ☐　　(c) 2 ☐　　(d) 40 ☐

4. ¿Dónde estaba hace ocho días?

(a) en una prisión ☐

(b) en un banco ☐

(c) en el Perú ☐

(d) en una joyería ☐

5. ¿Cuál de estos hombres es Jorge Pérez?

(a) ☐

(b) ☐

(c) ☐

(d) ☐

[7]

Exam practice questions

Writing

1 Tu instituto organiza un intercambio con un colegio español. Tienes que preparar una hoja de información describiendo tu colegio y tu región para los estudiantes españoles.

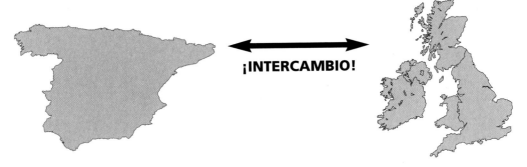

¡INTERCAMBIO!

Menciona estos puntos:

- una descripción de tu colegio;
- lo que se puede hacer en su tiempo libre;
- la visita de otro grupo el año pasado;
- las ventajas de alojarse con una familia inglesa;
- los sitios de interés en los alrededores;
- la mejor manera de viajar a tu región desde España.

....

....

2 Ganaste un concurso y el premio es una tarde con una superestrella. Después tienes que escribir un informe. Menciona estos puntos:

- cómo ganaste el premio;
- cómo te preparaste para tu tarde;
- dónde fuisteis y qué hicisteis;
- una descripción de la superestrella;
- tus planes para ver a la superestrella otra vez.

....

....

Mis ocios

(Leisure)

The following topics are included in this chapter.

- **Sport and free time**
- **Music and musical instruments**
- **The cinema and TV**
- **Grammar**

2.1 Sport and free time

LEARNING SUMMARY

After studying this section and the following exercises, you should be able to:

- **talk about your interests in sport and your hobbies**
- **deal with a variety of role-play situations**
- **give reasons why you like or dislike various sports**
- **understand information about sports in a Spanish-speaking country**

Los deportes (Sports)

AQA A   AQA B
EDEXCEL
OCR
WJEC
NICCEA

This is a favourite topic of examiners. It is likely that you will be asked about your sporting interests and hobbies in the conversation test, in role-play, in the writing tests and in the listening and reading tests. You should make sure that you can talk about your favourite sports and be able to say which you like and which you dislike. You must be able to say how you spend your free time, how you spent your free time (for instance, last weekend) and how you will spend your free time (for instance, next weekend).

los deportes de invierno

la equitación

el baloncesto

Sports

el alpinismo – climbing	**los deportes de invierno** – winter sports	**la pesca** – fishing
el atletismo – athletics		**el ping-pong** – table tennis
el baloncesto – basketball	**la equitación** – horse-riding	**el rugby** – rugby
el balonmano – handball	**el esquí acuático** – water-skiing	**el tenis** – tennis
el balonvolea – volleyball	**el fútbol** – football	**los toros** – bullfighting (literally: 'the bulls')
el billar – billiards	**el hockey** – hockey	
el ciclismo – cycling	**el monopatinaje** – skateboarding	**la vela** – sailing
la corrida de toros – bullfight	**la natación** – swimming	**el windsurf** – windsurfing
	el patinaje – skating	

Sports words

el balón – ball
la bicicleta – bicycle
el campeonato – championship
la caña de pescar – fishing rod
la carrera – race
el centro polideportivo – sports centre

el concurso – competition
la copa mundial – World Cup
el deporte – sport
el esquí – ski
el estadio – stadium
el gol – goal
el juego – game

el partido – match
el premio – prize
el resultado – result
el terreno – pitch
el torneo – tournament
la vela – sail

Sports people

el/la atleta – athlete
el/la campeón/campeona – champion
el/la ciclista – cyclist

el equipo – team
el/la espectador/a – spectator
el/la futbolista – footballer
el/la jugador/a – player

el matador – bullfighter (who makes the kill)
el/la tenista – tennis player
el torero – bullfighter

PROGRESS CHECK

Give the Spanish for the following:
1 a prize
2 a footballer
3 a bullfighter
4 I like tennis, but I prefer skating.
5 I hate bullfighting.

1 un premio   2 un futbolista   3 un torero/un matador   4 Me gusta el tenis, pero prefiero el patinaje.   5 Odio los toros.

Los ocios (Leisure activities)

AQA A   AQA B
EDEXCEL
OCR
WJEC
NICCEA

Free time

el bañador – swimsuit
la canción – song
las cartas – playing cards
la colección – collection
el disco – record

la discoteca – disco
el interés – interest
el juguete – toy
la lotería – lottery
la máquina fotográfica – camera

la moda – fashion
el ocio – free time
el pasatiempo – hobby
los ratos libres – free time
el tiempo libre – free time

el ajedrez

el monopatín

Activities

el ajedrez – chess
el baile – dance
los bolos – bowling
la caza – hunting

la cerámica – pottery
la cocina – cooking
el footing – jogging
el monopatín – skateboard

el paseo – walk
el videojuego – video game

Reading

la ciencia-ficción – science fiction
el diario – newspaper
la lectura – reading

el libro – book
la novela – novel
el periódico – newspaper

la prensa – press
la revista – magazine
el tebeo – comic

Leisure verbs

bailar – to dance
cantar – to sing
cazar – to hunt
coleccionar – to collect
dar un paseo – to go for a walk
dar una vuelta – to go for a walk

divertirse – to enjoy oneself
leer – to read
pasarlo bien – to have a good time
pasarlo bomba – to have a great time
pasearse – to go for a walk

patinar – to skate
pescar – to fish
pintar – to paint
tocar – to touch, to play

PROGRESS CHECK

Give the Spanish for the following:
1 fishing
2 game
3 athlete
4 toy
5 jogging
6 reading
7 I like going for walks.
8 I do not like painting.
9 I prefer fishing.

1 la pesca   2 el juego   3 el/la atleta   4 el juguete   5 el footing   6 la lectura   7 Me gusta dar paseos.   8 No me gusta pintar.   9 Prefiero la pesca.

Conversation: Grades G–D

AQA A   AQA B
EDEXCEL
OCR
WJEC
NICCEA

- The following are commonly-asked questions in the speaking exam.
- Practise these sentences with a friend.

¿Cuál es tu pasatiempo favorito?   Me gusta jugar al tenis.

You should add a few more hobbies, e.g. *y ver la tele.*

¿Dónde juegas al tenis?   Juego en el parque.

¿Con quién juegas?   Juego con mi amigo/a.

¿Te gusta la jardinería?   Odio la jardinería.

¿Qué deportes practicas?   Juego al hockey/al fútbol.

Conversation: Grades C–A*

AQA A **AQA B**
EDEXCEL
OCR
WJEC
NICCEA

¿Quieres describir tus pasatiempos?

Tengo muchos pasatiempos. Me gusta jugar al fútbol/hockey/tenis/baloncesto. También me gusta leer, ver la televisión, ir al cine y salir con mis amigos.

¿Cuál es tu deporte favorito?

Mi deporte favorito es la natación. Normalmente voy a la piscina los sábados con mis amigos.

¿Qué cosas lees?

Me gusta leer novelas pero también leo revistas y periódicos.

Your chance to show you know the present tense.

¿Qué haces normalmente por la tarde después de tus deberes?

Leo, veo la televisión, escucho música, doy un paseo con el perro y visito a mi amigo.

Your chance to show you know the preterite tense.

¿Qué hiciste anoche después de tus deberes?

Leí, vi la televisión, escuché música, di un paseo con el perro y visité a mi amigo.

Your chance to show you know the future tense.

¿Qué harás esta tarde después de tus deberes?

Leeré, veré la televisión, escucharé música, daré un paseo con el perro y visitaré a mi amigo.

2.2 *The cinema and TV*

After studying this section and the following exercises, you should be able to:

LEARNING SUMMARY

- **talk about your favourite films**
- **deal with a variety of role-play situations**
- **give reasons why you like or dislike various films or programmes**
- **understand information about films and TV programmes in a Spanish-speaking country**

Películas y programas de tele (Films and TV programmes)

AQA A **AQA B**
EDEXCEL
OCR
WJEC
NICCEA

Films and TV is a topic which is likely to come up in the speaking exam. You will probably be asked about your favourite type of film or TV programme. In role-play, you might have to organise and book a night at the cinema. In the reading tests, you might have to answer questions about a TV schedule or a film schedule.

Cinema and theatre

el cine – cinema
la comedia – comedy
los dibujos animados – cartoon
la estrella del cine – cinema star
el éxito – success
la localidad – seat, ticket
la obra de teatro – play

la película – film
la película de amor – romantic film
la película de aventuras – adventure film
la película de ciencia-ficción – science-fiction film
la película de guerra – war film

la película de miedo – horror film
la película del oeste – western
la película policíaca – detective film
la sesión – performance

TV

el/la actor/acriz – actress	**la pantalla** – screen	**el telediario** – TV news
la charla – chat	**el programa** – programme	**la telenovela** – soap
el documental – documentary	**la publicidad** – advertising	**la TVE** – Spanish TV channel
el episodio – episode	**la radio** – radio	**el vídeo** – video
las noticias – news	**la tele** – TV	

PROGRESS CHECK

Give the Spanish for the following:
1 film
2 soap
3 I like watching films on TV.
4 I prefer horror films.

1 la película   2 la telenovela   3 Me gusta ver las películas en la tele.   4 Prefiero las películas de miedo.

2.3 Music and musical instruments

LEARNING SUMMARY

After studying this section and the following exercises, you should be able to:
- *talk about your musical interests*
- *say whether you play an instrument*

La música (Music)

AQA A   AQA B
EDEXCEL
OCR
WJEC
NICCEA

If your teacher knows that you like music or that you play an instrument, you may well be asked about music in your speaking exam. You need to be able to express your likes, dislikes and preferences. You might like to use a famous musician as the subject for your presentation or your writing coursework.

Musical terms

la canción – song	**el grupo** – group	**la música pop** – pop music
el cassette – cassette	**el instrumento** – instrument	**el/la músico/a** – musician
el concierto – concert	**la música clásica** – classical music	**la orquesta** – orchestra
el disco compacto – CD	**la música fuerte** – loud music	
el estéreo – stereo		

el violín

la guitarra

Musical instruments

las castañuelas – castinets

la flauta – flute

la flauta dulce – recorder

la guitarra – guitar

el piano – piano

la trompeta – trumpet

el violín – violin

PROGRESS CHECK

Give the Spanish for the following:
1 CD
2 guitar
3 to sing
4 I went to a classical music concert last night.
5 I love pop music.
6 I play the flute.

1 el disco compacto 2 la guitarra 3 cantar 4 Anoche fui a un concierto de música clásica.
5 Me encanta la música pop. 6 Toco la flauta./Sé tocar la flauta.

Conversation: Grades G–D

AQA A   AQA B
EDEXCEL
OCR
WJEC
NICCEA

¿Sabes tocar un instrumento musical?

¿Qué tipo de música te gusta?

Sé tocar la guitarra.

Me gusta la música pop.

Conversation: Grades C–A*

AQA A   AQA B
EDEXCEL
OCR
WJEC
NICCEA

¿Qué tipo de película te gusta?

Me gustan las películas de aventura. No me gustan las películas de horror ni las películas de guerra porque son demasiado violentos.

Your chance to give an opinion and to justify it.

2.4 Grammar

LEARNING SUMMARY

After studying this section, you should know about
- *the perfect tense*
- *adjectives*
- *adverbs*

The perfect tense

AQA A   AQA B
EDEXCEL
OCR
WJEC
NICCEA

> **KEY POINT**
>
> The perfect tense in English always has 'has' or 'have' in it, e.g. I have gone, they have run, he has seen.

So you need to know about *haber* and you need to know about past participles.

The perfect tense in Spanish is formed by taking the present tense of *haber* and adding the participle.

Present tense of *haber*

he	I have
has	you have
ha	he, she has; you have
hemos	we have
habéis	you have
han	they have; you have

Remember that *haber* is only used as an auxiliary verb. To say 'have' in the sense of owning something, use *tener*.

Past participles

To find a past participle of a verb in English, just imagine that the words 'I have' are in front of it. For the verb 'to write', you would say 'I have written', so 'written' is the past participle of 'to write'. In the same way, 'gone' is the past participle of 'to go' and so on.

Formation of past participles in Spanish

Take off the ending (-*ar*, -*er* or -*ir*) and add:

-*ado*	for -*ar* verbs
-*ido*	for -*er* and -*ir* verbs

hablar ➜ *hablado*
comer ➜ *comido*
vivir ➜ *vivido*

Here is the perfect tense of three regular verbs:

hablar	
he hablado	I have spoken
has hablado	you have spoken
ha hablado	he, she, it has spoken; you have spoken
hemos hablado	we have spoken
habéis hablado	you have spoken
han hablado	they have spoken; you have spoken
comer	
he comido	I have eaten
has comido	you have eaten
ha comido	he, she, it has eaten; you have eaten
hemos comido	we have eaten
habéis comido	you have eaten
han comido	they have eaten; you have eaten
vivir	
he vivido	I have lived
has vivido	you have lived
ha vivido	he, she, it has lived; you have lived
hemos vivido	we have lived
habéis vivido	you have lived
han vivido	they have lived; you have lived

Irregular past participles

Some past participles do not obey the rules and must be learned separately.

abrir (to open)   *he abierto* (I have opened)

cubrir (to cover)   *he cubierto* (I have covered)

decir (to say)   *he dicho* (I have said)

descubrir (to discover)   *he descubierto* (I have discovered)

escribir (to write)   *he escrito* (I have written)

hacer (to do/make   *he hecho* (I have done/made)

morir (to die)   *ha muerto* (he has died)

poner (to put)   *he puesto* (I have put)

romper (to break)   *he roto* (I have broken)

ver (to see)   *he visto* (I have seen)

volver (to return)   *he vuelto* (I have returned)

PROGRESS CHECK

Give the Spanish for the following:
1 I have written a letter.
2 He has broken the vase.
3 They have seen the film.

1 He escrito una carta.   2 Ha roto el florero.   3 Han visto la película.

Adjectives

AQA A AQA B
EDEXCEL
OCR
WJEC
NICCEA

● Adjectives ending in *-o* change as follows:

	masculine	feminine
singular	blanco	blanca
plural	blancos	blancas

● Adjectives ending in *-e* or in a consonant do not change in the feminine singular:

	masculine	feminine
singular	verde	verde
	azul	azul
plural	verdes	verdes
	azules	azules

● Adjectives of nationality do not follow the above rule:

	masculine	feminine
singular	español	española
plural	españoles	españolas

● Some adjectives (*bueno, malo, alguno, ninguno, primero, tercero*) drop the final *-o* before a masculine singular noun, and *algún* and *ningún* require an accent:

un **buen/mal** hombre	a good/bad man
algún/ningún dinero	some/no money
el **primer/tercer** ejemplo	the first/third example

● *Grande* becomes *gran* before a masculine or feminine singular noun:

un **gran** hombre	a great man
una **gran** mujer	a great woman

● Some adjectives change their meaning according to their position:

su antiguo amigo	his former friend
el edificio antiguo	the ancient building
el pobre chico	the poor boy (i.e. unfortunate)
el chico pobre	the poor boy (i.e. without any money)
la misma cosa	the same thing
el rey mismo	the king himself

● *Cada* (each) never changes:

cada niño	each boy
cada niña	each girl

- The endings *-ísimo, -ísima, -ísimos, -ísimas* can be added to adjectives after the final vowel is removed to give the meaning 'extremely':

un chico guapo   a handsome boy

un chico guapísimo   an extremely handsome boy

This is a good and easy way of picking up marks in your writing exam.

PROGRESS CHECK

Give the Spanish for the following:
1 a pretty girl
2 a red car
3 two red cars
4 a good teacher
5 each person
6 an extremely pretty girl
7 the same car
8 the car itself

1 una chica guapa 2 un coche rojo 3 dos coches rojos 4 un buen profesor 5 cada persona
6 una chica guapísima 7 el mismo coche 8 el coche mismo

Adverbs

AQA A **AQA B**
EDEXCEL
OCR
WJEC
NICCEA

To form an adverb in Spanish, take the feminine form of the adjective and add *-mente*:

lento (slow) ➔ *lentamente* (slowly)

cuidadoso (careful) ➔ *cuidadosamente* (carefully)

rápido (fast) ➔ *rápidamente* (quickly)

In English, most adverbs end in '-ly': 'slowly', 'quickly', 'carefully', 'briefly'.

The same rule applies if the adjective ends in *-e* or a consonant:

breve (brief) ➔ *brevemente* (briefly)

normal (normal) ➔ *normalmente* (normally)

KEY POINT

Some adverbs are irregular and do not end in -mente:
bien (well)
mal (badly)
despacio (slowly)

Learn these adverbs:

Try and use as many of these adverbs as you can in your writing exam or coursework and in your conversation test.

- *a menudo* (often)
  ¿Vas a menudo al cine? Do you often go to the cinema?
- *de repente* (suddenly)
  El coche frenó de repente. The car braked suddenly.
- *desgraciadamente/por desgracia* (unfortunately)
  Desgraciadamente/Por desgracia murió. Unfortunately he died.
- *en seguida* (immediately)
  Se fue en seguida. He left immediately.
- *luego* (then)
  Comió un bocadillo; luego salió. He ate a sandwich, then went out.
- *por tanto/por consiguiente* (so (= therefore))
  Llovía y por tanto/por consiguiente no salí. It was raining and so I didn't go out.
- *pronto* (soon)
  Pronto se va de vacaciones. He is soon going on holiday.
- *siempre* (always)
  Siempre llega tarde. He always arrives late.

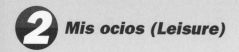

Sample GCSE questions

Speaking

Role-play 1

You go into a hotel in Spain. Your teacher will play the part of the receptionist and will start the conversation.

1. Greet the receptionist.
2. Ask for a single room with a shower.
3. Say it is for the 14th and 15th of July.
4. Find out the cost.
5. Ask if there is a lift.

Examiner's role and suggested answers

Examiner	Entras en un hotel. Yo soy la recepcionista. Buenos días.
Candidate	Buenos días. Quiero una habitación individual con una ducha.
Examiner	Muy bien. ¿Para cuándo?
Candidate	El catorce y quince de julio.
Examiner	Muy bien.
Candidate	¿Cuánto cuesta la habitación?
Examiner	Cuatro mil pesetas por noche.
Candidate	Bueno. ¿Hay ascensor?
Examiner	Aquí a la izquierda.

> This is a Foundation Tier test.
>
> You will have time before the test to prepare your answers.
>
> You will not be allowed a dictionary.

> Make sure yoiu know the difference between **cuándo** *(when)* and **cuánto** *(how much)*.

Sample GCSE questions

Role-play 2 TRACK **11**

You are discussing with your Spanish friend what you are going to do today. Say what you want to do and do not want to do. The exclamation mark means that you will be asked a question.

1. Say you would like to go to the cinema or the theatre

2. Say you do not want to go to the pool or to the beach.

3. !

4. Say you would like to go to bed at 1 o'clock.

> This is a Foundation/Higher Tier test, so all the prompts will be in English.

> When you see the exclamation mark try to guess what the unprepared question will be.

Examiner's role and suggested answers

Examiner   *Yo soy tu amigo español. ¿Qué quieres hacer hoy?*

Candidate   *Me gustaría ir o al cine o al teatro.*

Examiner   *¿No quieres nadar?*

Candidate   *No quiero ir ni a la piscina ni a la playa.*

Examiner   *Vale. Vamos al cine. ¿Qué tipo de película te gusta?*

Candidate   *Me gustan las películas de miedo.*

Examiner   *Vamos a la sesión de noche. ¿A qué hora quieres acostarte esta noche?*

Candidate   *A la una.*

> Sesión *means performance.*

Sample GCSE questions

Role-play 3 **TRACK 12**

You see this poster advertising three films. You and your Spanish friend discuss which one to see. Say which type of film you like and give a reason. Say that you do not want to see the films that your friend wants to see and give reasons. Finally suggest another activity and again give a reason. Your teacher will play the part of the friend and will start the conversation.

Be ready to give opinions and to justify them, e.g. Me encanta porque …

CINE RITZ	
Sala 1	El amor es para siempre
Sala 2	El monstruo y el vampiro
Sala 3	El tren de Kansas City

Examiner's role and suggested answers

In this type of role-play, the examiner is often going to disagree with whatever you decide, so be sure to have an alternative suggestion worked out.

Examiner	*Hay tres películas, una película de amor, una película de horror y una película del oeste ¿Qué tipo de película te gusta?*
Candidate	*Me gustan las películas del oeste.*
Examiner	*¿Por qué?*
Candidate	*Me gusta la animación.*
Examiner	*Pues, a mí no me gustan. Vamos a ver* **El amor es para siempre.** *¿Quieres?*
Candidate	*No me gusta.*
Examiner	*¿Por qué?*
Candidate	*Esas películas son muy lentas.*
Examiner	*Entonces vamos a* **El monstruo y el vampiro.**
Candidate	*No me gustan. Me dan miedo.*
Examiner	*Pues, vamos a hacer otra cosa.*
Candidate	*¿Por qué no vamos a la discoteca? Tengo ganas de bailar.*
Examiner	*Muy bien.*

Animación means excitement.

Sample GCSE questions

Presentation

Mi deporte favorito

Voy a hablar de mi deporte favorito: el tenis. Jugué al tenis por primera vez cuando tenía ocho años y me encantó en seguida. Pedí una raqueta de mis padres y me regalaron uno como regalo de cumpleaños. Tengo suerte porque cerca de mi casa hay unas canchas de tenis y solía ir con mi hermana a jugar todos los fines de semana. Ahora soy miembro de un club de tenis y no sólo me da la ocasión de mantenerme en buena condición física sino también me da la oportunidad de conocer a gente interesante de mi edad.

También me encanta el tenis profesional y veo los partidos en la televisión. En el verano paso muchas horas viendo el torneo de Wimbledon y los otros torneos por todo el mundo. Este año iré a Wimbledon si consigo entradas. Un día me gustaría ser tenista profesional. Mi estrella favorita es ....

Here is an example of a presentation.

Means gave a present.

No solo ... sino tambien means not only ... but also.

This would take about a minute to say.

Tips on preparing a presentation

- Use illustrative material. This means that if you want to talk about a book or an article, for example, you should take tht item into the exam. You can then point out things during your presentation, and the examiner will ask you questions on them.

- Take some notes into the exam to remind you of what you are going to say (if your exam board allows this – check with your teacher).

- The examiner will be looking out for the following things:

- use of *past*, *present* and *future* tenses. The boards do recognise that it may be difficult for you to use all three in the presentation, but you should try. Bear this in mind when choosing the title of your presentation;

- unusual vocabulary and structures;

- your ability to give a good presentation, but also your ability to answer any unpredictable questions he/she asks.

Sample GCSE questions

- Choose your topic carefully. Do not choose 'Myself', because it is too broad and may overlap with other topics during the Conversation section. Some suggestions might be:

  - *mi revista favorita*
  - *mi profesor(a) favorito/a*
  - *mi hermano/a*
  - *el intercambio*
  - *mi deporte favorito*

  - *mi música favorita*
  - *mi estrella favorita*
  - *mi pasatiempo favorito*
  - *mi deporte favorito*

Look again at the example of a presentation above. You should not use it yourself, because your presentation must be your own work. However, this presentation may give you some ideas. There are examples of the preterite, the imperfect, the present, the conditional and the future tenses. There is a direct object pronoun, *me*, and advanced structures like *no sólo . . . sino también* and *solía*.

> *¿Cuántas veces a la semana juegas al tenis?*
> *¿Contra quién juegas?*
> *Describe tu club de tenis.*
> *¿Cuánto cuesta?*
> *Háblame de tu estrella favorita.*

Be prepared for the examiner to develop the presentation. With the above example, he/she might ask you these questions.

This is a Foundation Tier test.

Writing

1 Lola invites you to a party. Write an answer. Mention:

- you cannot go;
- you are sorry that you cannot go;
- an excuse;
- there is a concert that day;
- you will phone her.

> *Quiero venir a la fiesta.*
> *No puedo.*
> *Voy a Granada el sábado.*
> *Quiero ver un concert.*
> *Compra los billetes mañana.*
> *Voy a llamar desde Granada.*

In task 2, you have left out saying sorry. You should have included lo siento.

In task 4, concert is French! You should have written quiero ver un concierto ahí.

In task 4, compra *is wrong. That means you want her to buy the tickets. You need to know the endings of the verbs, even for Foundation Tier.*

Billetes *is used for transport tickets and* entradas *for entertainment tickets.*

Mañana *by itself means 'tomorrow'. You should have written* Compré las entradas esta mañana.

Sample GCSE questions

2 Lees una revista española y ves un concurso. El premio es un viaje por todo el mundo. Decides participar en el concurso. Tienes que escribir un artículo. En el artículo menciona estos puntos:

- cuando leíste la revista y por qué te gusta;

- por qué quieres viajar;

- la persona que te acompañará;

- adónde irás y cuándo;

- por qué mereces ganar el premio.

> *This is a Higher Tier question. You need to use a mixture of tenses and give opinions.*

Model answer

Acabo de comprar la revista y estoy seguro que es la mejor revista que he leído[1]. La leí[2] en seguida. Me interesan los artículos sobre la moda y el deporte. También los artículos sobre los problemas de los jóvenes en España son interesantes[4]. Me gusta viajar porque quiero conocer otros países del mundo y quiero hacer amigos en todas partes. Viajaría[5] con mi hermano y mi hermana porque aparte de ser miembros de mi familia son mis mejores amigos.

Los dos sitios que me interesan más son Nueva York, porque he visto[1] la ciudad tantas veces en la televisión, y Honolulu porque me han dicho[1] que el clima allí es perfecto. Me gustaría[5] hacer el viaje durante las vacaciones de verano porque quiero volver antes del cinco de setiembre.

Yo creo que deberían[5] darme el premio porque nunca he ido en el extranjero. Mis padres son muy pobres y si no gano quizás nunca podré[3] ir al extranjero.

> 1 *Perfect tense*
> 2 *Preterite tense*
> 3 *Future tense*
> 4 *An opinion*
> 5 *A conditional*

Exam practice questions

Listening

1 **TRACK 13**

Someone is telling you about sport in Lima. The conversation is being translated.

1. The most popular sport is. ...... *patinaje* ....
2. Why is the level of golf so high? ..... *prefor..al....* ....
3. Why is the city-centre pool famous? *olympic team practice* ....
4. New York hosted a competition for which sport? .... *balencest* ....
5. What did the Peruvian team win? ... *gold medal* .... **[5]**

2 **TRACK 14**

Pon una **✗** en las casillas correctas.

1. Pablo y Conchita . . .

   (a) se conocieron en la universidad. ☐

   (b) eran colegas. ☐

   (c) eran camaradas de clase. ☑

2. La madre de Pablo es . . .

   (a) cocinera. ☐

   (b) profesora. ☑

   (c) camarera. ☐

3. Escoge tres de estas actividades que Conchita y Pablo van a hacer juntos.
   Pon una **✗** en tres de las casillas.

   (a) ☐   (d) ☐

   (b) ☑   (e) ☐

   (c) ☑   (f) ☑

   [5]

Exam practice questions

3 TRACK **15**

Carla y Fernando discuten los tipos de película. Escribe en la columna correcta el nombre de la persona correcta.

Película	Le gustan mucho	Le gustan un poco	No le gustan nada
películas de miedo	C		F
películas del oeste	F	C	
películas de amor	C	C	F
películas de aventura	F	C	

[8]

4 TRACK **16** **El cine Astoria**

Llamas al cine y escuchas un mensaje automático. Di si las observaciones son verdaderas o falsas.

		verdadero	falso
1.	Ponen *Corazón de acero* durante tres días.	☐	☒
2.	*Corazón de acero* es una película de amor.	☒	☒
3.	*Corazón de acero* es subtitulado.	☒	☐
4.	*Los muertos* es una película de miedo.	☒	☐
5.	Ponen *Los muertos* durante una semana.	☒	☐
6.	*Los muertos* tiene lugar en Gran Bretaña.	☒	☐
7.	*No me toques* no es una película de risa.	☐	☒
8.	*No me toques* no ha ganado un premio.	☐	☒
9.	Se pone cada película tres veces al día.	☒	☐
10.	La última sesión es a medianoche.	☒	☐

[10]

Reading

1 # El snowboard

El 'snowboard' lo inventó a principios de los años setenta en los Estados Unidos un hombre llamado Popper. El snowboard es fácil. Los 'snowboarders' se consideran como los rebeldes de las pistas. Utilizan un lenguaje particular. Llevan ropa informal, como jerseys grandes y de colores vivos. Por eso, tradicionalmente les llaman 'los locos de las pistas'. En 1998, el snowboard estuvo representado en los Juegos Olímpicos por primera vez.

1. ¿Cuándo empezó el 'snowboard'?

2. Dicen que los 'snowboarders' están locos. ¿Por qué? Menciona **dos** cosas. [3]

AQA 1999

Exam practice questions

2

Induráin abandona el ciclismo profesional

El número uno dice adiós

'Creo que ya le he dedicado el suficiente tiempo al ciclismo de competición y ahora deseo disfrutar de este deporte como aficionado. Pienso que es la mejor decisión para mí y para mi familia.'

Con estas palabras Induráin anunciaba hace unas semanas su retirada del mundo de la bicicleta.

En un breve comunicado explicó las causas: aunque sus piernas y su cuerpo podrían quizá continuar soportando el esfuerzo, no se siente suficientemente motivado como para tratar de alcanzar un sexto Tour de Francia.

Lee estas frases. Escribe **V** (verdad), **M** (mentira) o **?** (no se sabe).

Ejemplo   Induráin va a dejar de montar en bicicleta.   ☑ M

1.   Induráin anunciará su decisión dentro de unas semanas.   ☐

2.   Induráin se ha roto la pierna.   ☐

3.   Induráin va de vacaciones a Francia.   ☐   **[3]**

AQA 1999

3 Una excursión en bicicleta.

LO QUE MÁS ME GUSTA DE LA BICICLETA ES CUANDO NOS PARAMOS

¿Qué le gusta más a la chica? Pon una **X** en las casilla correcta.

1.   pasear   ☐

2.   darse prisa   ☐

3.   descansar   ☐

4.   ir despacio   ☐   **[1]**

AQA 1999

Exam practice questions

4

Pedro Almodóvar

Hace algunos años, se produjo en Madrid un fenómeno cultural que se llamó la 'movida'. Esta palabra se usó para abarcar todo tipo de cosas: las discotecas y los lugares de moda, la manera de vestir, las nuevas revistas, los grupos musicales, en fin, todo lo que había de nuevo y diferente. Uno de los héroes de esa 'movida' fue Pedro Almodóvar.

Lo extraordinario es que este muchacho provinciano se convirtió en un personaje famoso no sólo entre los jóvenes modernos, sino entre gente de todas las edades e intereses.

En sus primeros años en Madrid, era empleado de la Compañía Telefónica. Pero tenía muy claro lo que quería hacer: contar historias. Por la mañana trabajaba en la Telefónica y por la tarde hacía películas.

Lo más importante para él en este momento es el trabajo. Tiene una vida muy activa. Dice que, si su carrera fracasase, todavía podría volver a su puesto en la Telefónica, pero esto parece muy improbable.

1. ¿Qué fue la 'movida'?
2. ¿Quienes son los seguidores de Pedro Almodóvar?
3. Probablemente, Pedro no volverá a trabajar en la Telefónica. ¿Por qué no?
4. ¿Cuál de estas palabras *no* describe a Pedro?

   (a) perezoso

   (b) creativo

   (c) exitoso

   (d) célebre

   Escribe la lettra correcta en esta casilla. ☐ **[4]**

AQA 1999

Writing

1

Tu amiga María quiere hacer un curso de inglés en los Estados Unidos. Escríbele una carta. Menciona estos puntos:

- dile que los cursos en Inglaterra son mejores;
- que quieres verla;
- invítala a visitarte en Inglaterra;
- las cosas que podríais hacer en Inglaterra;
- una persona especial que quiere verla.

2

Al volver de una visita a España descubres que has dejado algo en tu hotel. Escribe una carta a tu hotel mencionando estos puntos:

- el número de tu habitación;
- las fechas de tu visita;
- lo que perdiste;
- lo que el hotel debe hacer si encuentran la cosa perdida;
- una queja contra el hotel.

Las vacaciones y el alojamiento

(Holidays and accommodation)

The following topics are included in this chapter.

- *Holidays, accommodation and transport*
- *Grammar*

3.1 Holidays and accommodation

LEARNING SUMMARY

After studying this section and the following exercises, you should be able to:

- **talk about past and future holidays**
- **cope with a variety of role-plays about being on holiday, transport and accommodation**
- **understand information about booking holidays and booking accommodation**
- **write about experiences abroad**

Vacaciones y alojamiento (Holidays and accommodation)

AQA A   AQA B
EDEXCEL
OCR
WJEC
NICCEA

The holiday topic is the main one that examiners use to test your tenses because it is easy to ask questions about what you did last summer and what you will do next summer. The vocabulary provided in this section is particularly important because role-plays are likely to be based on travel problems and booking accommodation.

Similarly, reading and listening tasks are likely to test these words, and you might like to base your coursework or presentation on some aspect of your holiday.

la crema bronceadora   la mochila   la máquina de fotos

la crema
bronceadora

On holiday

el alojamiento – lodgings
el alquiler – rent
la cámara – camera
la crema bronceadora – suncream
el descanso – rest
la dificultad – difficulty
el disgusto – annoyance, bother
la distracción – entertainment

el documento – document
la estancia – stay
la excursión – trip
los gastos – expenses
la información – information
el mapa – map
la máquina de fotos – camera
la mochila – rucksack

el regalo – present
el regreso – return
la tarjeta postal – postcard
el trayecto – journey
el/la turista – tourist
el/la veraneante – holiday maker

la cerilla   **la tienda de campaña**   **la caravana**

Camping

el abrebotellas – bottle opener
el abrelatas – tin opener
los aseos – toilets
el camping – campsite
el/la campista – camper
la caravana – caravan

la cerilla – match
el espacio – space, pitch
el gas – gas
la hoguera de campamento –
   campfire
la pila – battery

el saco de dormir – sleeping bag
la sala de juegos – games room
el sitio – place, spot
la tienda – shop
la tienda de campaña – tent

el pasaporte   **la habitación individual**   **la habitación doble**

  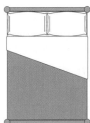

At a hotel

el ascensor – lift
con vista a – with a view of
el/la dueño/a – owner
el equipaje – luggage
la ficha – form
la firma – signature
la habitación – room
la habitación doble – double room
la habitación individual – single
   room
la habitación sencilla – single
   room

la hoja – form
el hotel – hotel
el hotelero – hotel owner
la llave – key
el lujo – luxury
la media pensión – half board
la nacionalidad – nationality
el nombre (de pila) – (first) name
el país de origen – country of
   origin
el pasaporte – passport
la pensión – boarding house

la pensión completa – full board
el portero – hotel porter
prohibida la entrada – no entry
el/la propietario/a – owner
la queja – complaint
la recepción – reception
el/la recepcionista – receptionist
el retrete – toilet
la salida – exit
las señas – address
los servicios – toilets
la vista – view

3 Las vacaciones y el alojamiento (Holidays and accommodation)

el barco

At the seaside

la arena – sand
la barca de pesca – fishing boat
el barco – boat
el chalet – villa

la costa – coast
el mar – sea
la ola – wave
el parasol – parasol

la playa – beach
el puerto – port

rojo   amarillo   verde

negro   azul   gris

Colours

amarillo – yellow
azul – blue
blanco – white
castaño – brown
el color naranja – orange

gris – grey
marrón – brown
moreno – dark
negro – black
rojo – red

rosado – pink
rubio – blond
verde – green

Conversation: Grades G–D

The following are questions which you are likely to be asked in your speaking test. Practise them with a friend.

¿Adónde fuiste de vacaciones el año pasado?   Fui a España.

¿Has visitado otros países?   He visitado Francia, España y Alemania.

¿Con quién fuiste?   Fui con mi familia.

¿Cómo fuiste?   Fui en avión/en barco/en coche.

¿Has visitado España?   Sí, visité España el año pasado.

¿Dónde te alojaste?   Me alojé en un hotel.

¿Cuánto tiempo estuviste en España?   Estuve en España dos semanas.

¿Qué tiempo hizo?   Hizo sol todos los días.

¿Qué hiciste allí?   Tomé el sol y nadé en el mar.

¿Adónde irás este verano?   Iré a España otra vez.

> All these answers are very short, which is why they are in the G–D category.

El transporte (Transport)

AQA A   AQA B
EDEXCEL
OCR
WJEC
NICCEA

Transport in general

la aduana – customs
el aeropuerto – airport
la agencia de viajes – travel agent
el asiento – seat
la autopista – motorway
el autostop – hitchhiking
el billete – ticket
el billete de ida – single ticket
el billete de ida y vuelta – return ticket
la bolsa – bag
el canal – canal
la carretera – road
el cruce – road junction
la curva peligrosa – dangerous bend

la demora – delay
con destino a – heading for
la estación de autobuses – bus station
la estación de servicio – service station
el extranjero – abroad
el folleto – brochure
la frontera – border
el gas-oil – diesel oil
el/la guía – guide
la guía – guidebook
el horario – timetable
la huelga – strike
la línea aérea – airline

la llegada – arrival
la maleta – suitcase
el metro – underground train
las obras – roadworks
el peaje – motorway toll
la prisa – speed
la reserva – reservation
el retraso – delay
el transporte – transport
las vacaciones – holidays
el viaje – journey
el/la viajero/a – traveller
el vuelo – flight
la vuelta – return

People

el aduanero – customs officer
el/la autostopista – hitchhiker
la azafata – flight attendant

el cobrador – ticket collector
el/la fumador/a – smoker
el/la garajista – garage attendant

el/la habitante – inhabitant
el/la pasajero/a – passenger
el/la revisor/a – ticket inspector

el avión   **el helicóptero**   **la tranvía**

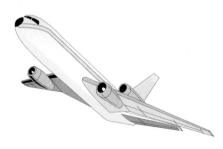      

Vehicles

el autobús – bus
el autocar – coach
el avión – plane
el camión – lorry

el coche – car
el ferry – ferry
el helicóptero – helicopter
la moto – motorcycle

el taxi – taxi
la tranvía – tram

el auto

el parabrisas

el maletero

la rueda

el neumático

By car

el aceite – oil
el asiento – seat
el auto – car
la avería – breakdown
la batería – battery
el carnet de conducir – driving licence
el cinturón de seguridad – safety belt
el depósito – fuel tank
el desvío – detour
el embotellamiento – traffic jam

el faro – headlight
los frenos – brakes
la gasolina – petrol
la gasolinera – petrol station
las limpiaparabrisas – windscreen wipers
el maletero – boot
el mapa de carreteras – road map
la marca – make
el mecánico – mechanic
el modelo – model
el motor – engine

el neumático – tyre
el parabrisas – windscreen
el permiso de conducir – driving licence
el pinchazo – puncture
la reparación – repair
la rueda – wheel
sin plomo – unleaded
el súper – high-grade petrol
la velocidad – speed

By train

el andén – platform
el asiento – seat
el billete sencillo – single ticket
el coche cama – sleeping car
el coche restaurante – dining car
la consigna – left-luggage office
el departamento – compartment
el despacho de billetes – ticket office

la estación – station
la estación del ferrocarril – railway station
el mozo – porter
la primera clase – first class
procedente de – coming from
la red – rack (in train)
RENFE – Spanish Railways
la sala de espera – waiting room

la segunda clase – second class
el suplemento – supplement
Talgo – luxury, high-speed train
la taquilla – ticket office
el transbordo – connection
el tren – train
el tren expreso – express train
la vía – track

España **Francia** **Gran Bretaña**

Europa **Portugal** **los Estados Unidos**

Countries and nationalities

la Alemania – Germany
la América del Sur – South America
la Argentina – Argentina
la Australia – Australia
la Austria – Austria
la Bélgica – Belgium
el Canadá – Canada
el Chile – Chile
la Dinamarca – Denmark
la Escocia – Scotland
la España – Spain
los Estados Unidos – USA
la Europa – Europe
la Francia – France
el Gales – Wales
la Gran Bretaña – Great Britain
la Grecia – Greece
la Holanda – Holland
la Inglaterra – England
la Irlanda – Ireland
la Irlanda del Norte – Northern Ireland
la Italia – Italy

el Japón – Japan
la Luxemburgo – Luxembourg
el Marruecos – Morocco
el Méjico/México – Mexico
el País de Gales – Wales
el Perú – Peru
el Portugal – Portugal
el Reino Unido – United Kingdom
la Rusia – Russia
la Suecia – Sweden
la Suiza – Switzerland
la Venezuela – Venezuela
alemán (-ana) – German
americano – American
argentino – Argentinian
australiano – Australian
austríaco – Austrian
belga – Belgian
británico – British
canadiense – Canadian
chileno – Chilean
dinamarqués (-esa) – Danish
escocés (-esa) – Scottish
español – Spanish

europeo – European
extranjero – foreigner
francés (-esa) – French
galés (-esa) – Welsh
griego – Greek
holandés – Dutch
inglés (-esa) – English
irlandés (-esa) – Irish
italiano – Italian
japonés (-esa) – Japanese
luxemburgués (-esa) – Luxembourgeois
marrueco/marroquí – Moroccan
mejicano/mexicano – Mexican
norteamericano – American
peruano – Peruvian
portugués (-esa) – Portuguese
ruso – Russian
sudamericano – South American
sueco – Swedish
suizo – Swiss
venezolano – Venezuelan

Verbs

acampar – to camp
ahorrar – to save
alojarse – to stay (e.g. in a hotel)
alquilar – to hire
aparcar – to park
averiarse – to break down
bañarse – to bathe
broncearse – to get a tan, to sunbathe
coger una insolación – to get sunstroke
comprobar – to check
conducir – to drive
detenerse – to stop
dormir – to sleep

durar – to last
embarcarse – to embark
entrar – to enter
esperar – to wait, to hope, to expect
estacionar – to park
firmar – to sign
frenar – to brake
gastar – to spend (money)
hacer camping – to go camping
hacer las maletas – to pack
informarse – to find out
ir de camping – to go camping
ir de pesca – to go fishing
ir de vacaciones – to go on holiday

llegar – to arrive
llegar tarde – to be late
llenar – to fill (e.g. the fuel tank)
nadar – to swim
pasar – to spend (time), to happen
quedar(se) – to stay
rellenar un formulario – to fill in a form
reservar – to book
sacar fotos – to take photos
tomar el sol – to sunbathe
transbordar – to change trains
viajar – to travel
volar – to fly

Conversation: Grades C–A*

Pasarlo bomba is a good expression for 'to have a great time'. Use it!

¿Adónde fuiste de vacaciones el año pasado?¿Qué hiciste allí?

El año pasado fui a España con mi familia. ¡Lo pasé bomba! Comí muchísimo, bebí muchísimo, salí con mis amigos, bailé mucho y tomé el sol. Me encanta España.

Some excellent preterite use here, but only one irregular preterite.

Me encanta España means 'I love Spain'. You have given an opinion, so you get extra marks.

Llover a cántaros means 'to pour with rain'. You could also say *llover a chorros*.

¿Qué tiempo hizo?

Casi todos los días hizo buen tiempo. Hizo sol y calor. Sin embargo, un día llovió a cántaros y estuvimos mojados hasta los huesos.

Mojados hasta los huesos means 'soaked to the skin'. The Spanish say 'soaked to the bones'.

¿Cómo viajaste a España?

Fuimos en coche al aeropuerto, tomamos el avión y al llegar tomamos un taxi al hotel.

Al llegar means 'on arriving' – a useful, mark-winning phrase.

¿Adónde irás de vacaciones este año?

Iré otra vez a España con mi familia.

Your chance to show your command of the future tense.

¿Qué harás allí?

¡Lo pasaré bomba! Comeré muchísimo, beberé muchísimo, saldré con mis amigos, bailaré mucho y tomaré el sol.

¿Cómo viajarás a España?

Iré en coche al aeropuerto, tomaré el avión y al llegar tomaré un taxi al hotel.

> **KEY POINT** Most of these questions are very predictable, so be sure to have a speech prepared for each one.

PROGRESS CHECK

Give the Spanish for the following:
1 a postcard
2 a battery
3 a signature
4 to get sunstroke
5 the coast
6 customs
7 a lorry
8 a breakdown
9 a station platform
10 Germany
11 German
12 I want to buy a postcard.
13 My sister has sunstroke.
14 Our car has broken down.
15 Which platform?
16 He is German.

1 *una tarjeta postal* 2 *una pila* 3 *una firma* 4 *coger una insolación* 5 *la costa* 6 *la aduana* 7 *un camión* 8 *una avería* 9 *un andén* 10 *Alemania* 11 *alemán* 12 *Quiero comprar una postal.* 13 *Mi hermana ha cogido una insolación.* 14 *Tenemos una avería.* 15 *¿Qué andén?* 16 *Es alemán.*

3.2 Grammar

LEARNING SUMMARY

After studying this section, you should know about:

- the preterite
- negatives

The preterite

AQA A AQA B
EDEXCEL
OCR
WJEC
NICCEA

KEY POINT

The preterite is sometimes known as the simple past. It is used to talk about events in the past, e.g. 'I went', 'you ran', 'they bought'.

Here is the preterite of three regular verbs. Note that there are two sets of endings, one for *-ar* verbs and one for *-er* and *-ir* verbs.

hablar	
hablé	I spoke
hablaste	you spoke
habló	he, she, you spoke
hablamos	we spoke
hablasteis	you spoke
hablaron	they, you spoke
comer	
comí	I ate
comiste	you ate
comió	he, she, you ate
comimos	we ate
comisteis	you ate
comieron	they, you ate
vivir	
viví	I lived
viviste	you lived
vivió	he, she, you lived
vivimos	we lived
vivisteis	you lived
vivieron	they, you lived

KEY POINT

Note the role played in English by 'did' in the negative and question forms of the preterite:

hablé	I spoke
no hablé	I did not speak
¿Hablé?	Did I speak?

Radical-changing verbs in the preterite

 KEY POINT There are no -ar or -er radical-changing verbs in the preterite.
Some -ir verbs change -e to -i in the third person singular and plural.

pedir (to ask for)

pedí	pedimos
pediste	pedisteis
pidió	pidieron

Other verbs like this are:

preferir (to prefer)
seguir (to follow)
sentir (to feel)
sonreír (to smile)
vestirse (to get dressed)
reír (to laugh)

Spelling changes in the preterite

Note what happens to the first-person singular of verbs that end in *-zar*, *-gar* and *-car*.

empezar (to start) ➔ *empecé* (I started)
jugar (to play) ➔ *jugué* (I played)
buscar (to look for) ➔ *busqué* (I looked for)

You should also learn the preterite of *caer* (to fall).

caí	caímos
caíste	caísteis
cayó	cayeron

Irregular preterites

dar (to give)

di	dimos
diste	disteis
dio	dieron

ser (to be)/*ir* (to go)

fui	fuimos
fuiste	fuisteis
fue	fueron

Remember that *ser* and *ir* have the same preterite.

The *pretérito grave*

This group is a particular kind of irregular preterite. The stress in the first- and third-persons singular doesn't fall on the last syllable as it usually does, but on the second to last.

andar (to walk)	*haber* (to have)	*querer* (to want)	*traer* (to bring)
anduve	hube	quise	traje
anduviste	hubiste	quisiste	trajiste
anduvo	hubo	quiso	trajo
anduvimos	hubimos	quisimos	trajimos
anduvisteis	hubisteis	quisisteis	trajisteis
anduvieron	hubieron	quisieron	trajeron

decir (to say)	*hacer* (to do/make)	*saber* (to know)	*venir* (to come)
dije	hice	supe	vine
dijiste	hiciste	supiste	viniste
dijo	hizo	supo	vino
dijimos	hicimos	supimos	vinimos
dijisteis	hicisteis	supisteis	vinisteis
dijeron	hicieron	supieron	vinieron

estar (to be)	*poder* (to be able)	*tener* (to have)	
estuve	pude	tuve	
estuviste	pudiste	tuviste	
estuvo	pudo	tuvo	
estuvimos	pudimos	tuvimos	
estuvisteis	pudisteis	tuvisteis	
estuvieron	pudieron	tuvieron	

PROGRESS CHECK

Give the Spanish for the following:

1 I spoke
2 I ate
3 I lived
4 he asked for
5 I played
6 I looked for
7 I fell
8 I gave
9 I was
10 I went

11 I walked
12 I wanted
13 I brought
14 I said
15 I made
16 I knew
17 I came
18 I could
19 I had
20 he came

1 hablé 2 comí 3 viví 4 pidió 5 jugué 6 busqué 7 caí 8 di 9 fui/estuve 10 fui
11 anduve 12 quise 13 traje 14 dije 15 hice 16 supe 17 vine 18 pude 19 tuve/hube
20 vino

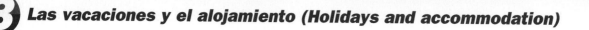

Negatives

Learn these negative expressions.

nadie	nobody/no one
nada	nothing
nunca	never
jamás	never
ninguno/a	no
ni . . . ni . . .	neither . . . nor . . .
tampoco	(n)either

No hay nadie en la calle.	There is nobody in the street.
No hay nada en la calle.	There is nothing in the street.
No voy nunca/No voy jamás.	I never go.
No hay ningún trabajo allí.	There is no work there.
Ni mi amigo ni yo lo vimos.	Neither my friend nor I saw it.
No fui y ella no fue tampoco.	I didn't go and she didn't go either.

KEY POINT

When the negative word comes after the verb, no must be placed before the verb:
Nunca voy a la iglesia.   I never go to church.
No voy nunca al colegio. I never go to school.

PROGRESS CHECK

Give the Spanish for the following:
1 nobody
2 nothing
3 never
4 neither . . . nor . . .
5 no

1 nadie 2 nada 3 nunca/jamás 4 ni . . . ni . . . 5 ninguno/a

Sample GCSE questions

Speaking

Role-play 1 TRACK **17**

You are in a Spanish station.

1. Say you want a return ticket to Madrid.

2. Say you want first class.

3. Find out which platform the train leaves from.

4. Find out how much the ticket costs.

5. Find out what time the train departs.

> *Be sure you know your railway vocabulary: 'first class' (de primera clase), 'second class' (de segunda clase), 'single' (de ida) and 'return' (de ida y vuelta).*

Examiner's role and suggested answers

Examiner	*Estás en una estación y yo soy la empleada empleada. ¿Qué quieres, joven?*
Candidate	*Quiero un billete de ida y vuelta a Madrid*
Examiner	*Muy bien.*
Candidate	*Primera clase, por favor.*
Examiner	*Aquí tienes.*
Candidate	*¿Qué andén, por favor?*
Examiner	*Andén número ocho.*
Candidate	*¿Cuánto cuesta?*
Examiner	*Tres mil.*
Candidate	*¿A qué hora sale el tren?*
Examiner	*A las diez y media.*

> *Joven means youngster.*

> *Andén means platform, vía means track.*

Role-play 2 TRACK **18**

You are in a petrol station in Spain. Your teacher will play the part of the attendant and will start the conversation.

1. Ask for 25 litres.

2. Ask the attendant to check the tyres.

3. Ask how to get to Madrid.

4. Ask if they sell ice cream.

5. Ask where the toilets are.

> *You might be asked to request four-star (súper) or lead-free (sin plomo).*

Sample GCSE questions

Examiner's role and suggested answers

Examiner	Entras en una estación de servicio. Yo soy el empleado. ¿En qué puedo servirle?	
Candidate	Veinticinco litros, por favor.	
Examiner	¿Algo más?	
Candidate	¿Puede Vd. comprobar los neumáticos?	
Examiner	Sí. No hay problema.	
Candidate	¿Para ir a Madrid, por favor?	
Examiner	Todo seguido. ¿Algo más?	
Candidate	¿Hay helados?	
Examiner	Lo siento, no.	
Candidate	¿Dónde están los servicios?	
Examiner	Aquí a la derecha.	

> This means how can I help you?

> Todo seguido *means* straight on.

Role-play 3 TRACK 19

You are in Spain on a touring holiday with your family and your car breaks down ten kilometres from Valencia on the way to Alicante. You telephone a garage. Your teacher will play the part of the garage owner and will start the conversation.

1. Give personal details and say what has happened.

2. Say where you are.

3. Give the make, nationality and colour of the car.

4. Say where you will wait.

5. Be prepared to answer a question.

> The word for breakdown is avería.

> Can you guess what you will be asked?

Examiner's role and suggested answers

Examiner	Estás en España y tienes un problema con el coche. Yo soy el mecánico. Dígame.	
Candidate	Me llamo Kate Smith: soy turista inglés y hemos tenido una avería.	
Examiner	¿Dónde está?	
Candidate	Estamos a diez kilómetros de Valencia en la carretera de Alicante.	
Examiner	¿Cómo es el coche?	
Candidate	Es un Ford, es inglés y es verde.	
Examiner	¿Vds. van a tener que esperar?	
Candidate	No, estaremos en un café muy cerca del coche.	
Examiner	¿Qué tipo de problema tiene Vd. con el coche?	
Candidate	Tenemos un problema con la batería.	

> ¿Cómo es? *means what is it like?*

> Learn a few words to do with car problems.

Sample GCSE questions

Role-play 4

You arrive at a hotel, but it is very late. They have no record of your booking, the hotel is full and the hotel restaurant is closed. You are tired and hungry. Your teacher will play the part of the receptionist and will start the conversation.

> *Do you know the words for tired and hungry?*

> *To book is reservar.*

1. Tell the receptionist the date on which you booked the room.
2. Ask the receptionist to ring another hotel.
3. Say you are hungry and ask where you can eat.
4. Be prepared to answer a question.
5. Say when you will arrive at the restaurant.

Examiner's role and suggested answers

Examiner	Llegas a un hotel. Yo soy la recepcionista. Lo siento, no encuentro su reserva y el hotel está completo.
Candidate	Pero hice la reserva el dos de mayo.
Examiner	Lo siento.
Candidate	¿Quiere llamar a otro hotel?
Examiner	No hace falta. El Hotel Sol siempre tiene habitaciones.
Candidate	Tengo hambre. ¿Dónde puedo comer?
Examiner	Yo llamaré al restaurante en el Hotel Sol para reservarle algo de comer. ¿Qué quiere Vd. comer?
Candidate	Un bocadillo de jamón.
Examiner	¿Cuándo va al Hotel Sol?
Candidate	Estaré allí en diez minutos.

> *This means It isn't necessary.*

Role-play 5

> *The word lleno means full and it is all you need to order a tank of petrol.*

You are on a driving holiday in Spain and you are almost out of petrol. You arrive at a petrol station. It is about to close, and they do not want to serve you. Find out if there are other petrol stations and persuade the attendant that it is an emergency. Your teacher will play the role of the attendant and will start the conversation.

1. Ask for a tank of petrol.
2. Ask if there is another service station nearby.
3. Say you do not have enough petrol for 50 kilometres.
4. Ask the attendant to re-open the service station.
5. Offer a tip.

> *A petrol station is estación de servicio.*

Sample GCSE questions

Examiner's role and suggested answers

Examiner	Lo siento. Está cerrado.
Candidate	Lleno, por favor.
Examiner	Está cerrado.
Candidate	¿Hay otra estación de servicio por aquí?
Examiner	Sí, a cincuenta kilómetros. Todo seguido.
Candidate	No tenemos bastante gasolina para cincuenta kilómetros.
Examiner	Pues, lo siento pero Está cerrado.
Candidate	Pero, ¿puede Vd. abrir unos segundos para darnos gasolina?
Examiner	No tengo tiempo.
Candidate	Le daré una propina.
Examiner	¿Una propina? ¿Lleno ha dicho?

> Cerrado *means closed.*

> Propina *is a tip.*

Role-play 6

You are in Spain, and a few hours before you fly back to England, you lose something. You go to the lost-property office. Your teacher will play the part of the employee and will start the conversation.

> **OFICINA DE OBJETOS PERDIDOS**
> **abierto de 8.00–20.00**
> **abierto todo el año**

Describe:

- lo que has perdido;
- dónde y cuándo;
- el contenido.

> Be sure that you can always describe the contents of something. The word contenía (it contained) is invaluable.

Examiner's role and suggested answers

Examiner	Buenos días. ¿En qué puedo servirle?
Candidate	Buenos días. He perdido una maleta negra.
Examiner	¿Dónde y cuándo?
Candidate	La he perdido en la estación a las diez y media.
Examiner	¿Qué había en la maleta?
Candidate	Ropa, nada más.
Examiner	Lo siento, no tenemos una maleta. ¿Puede Vd. volver mañana?
Cacandidate	Imposible. Vuelvo a Inglaterra a las cinco de la tarde.
Examiner	Entonces ¿qué hacemos si encontramos la maleta?
Candidate	¿Puede Vd. mandarla a Inglaterra?
Examiner	Sí, déme su dirección.

> The two unpredictable questions were strongly hinted at in the English introduction. It is important to scan the introduction for clues.

Exam practice questions

Listening

1 **TRACK 23**

Para cada pregunta, pon una **X** en la casilla correcta.

1. ¿Qué busca?

(a) ☐   (b) ☑   (c) ☐   (d) ☐

2. ¿Qué regalo compra?

(a) ☑   (b) ☐   (c) ☐   (d) ☐

3. ¿Qué deporte prefiere?

(a) ☐   (b) ☐   (c) ☑   (d) ☐

4. ¿Dónde está el dinero?

(a) ☑   (b) [☐   (c) ☐   (d) ☐

5. ¿Qué visitarán?

(a) ☐   (b) [☑   (c) ☐   (d) ☐

Exam practice questions

6. ¿Dónde está la librería?

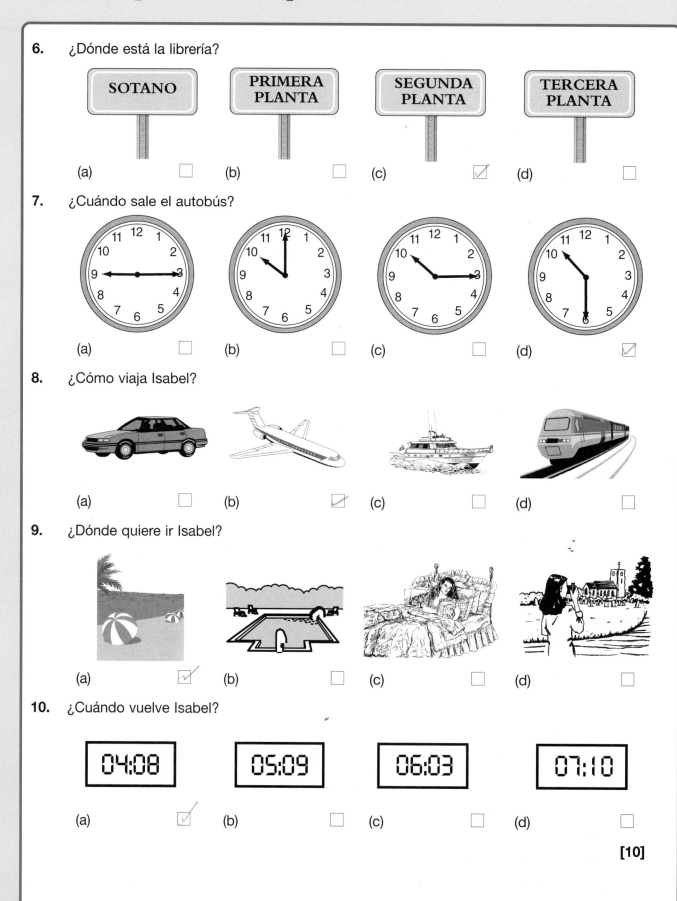

SOTANO

PRIMERA PLANTA

SEGUNDA PLANTA

TERCERA PLANTA

(a) ☐   (b) ☐   (c) ☑   (d) ☐

7. ¿Cuándo sale el autobús?

(a) ☐   (b) ☐   (c) ☐   (d) ☑

8. ¿Cómo viaja Isabel?

(a) ☐   (b) ☑   (c) ☐   (d) ☐

9. ¿Dónde quiere ir Isabel?

(a) ☑   (b) ☐   (c) ☐   (d) ☐

10. ¿Cuándo vuelve Isabel?

04:08   05:09   06:03   07:10

(a) ☑   (b) ☐   (c) ☐   (d) ☐

[10]

Exam practice questions

2 TRACK **24**

Estás en España viajando en autocar con un grupo organizado. El guía habla por el altavoz. Pon una ✘ en la casilla correcta.

1. Vas a llegar al hotel . . .

   (a)   en veinte minutos. ☐

   (b)   en treinta minutos. ☑

   (c)   en cincuenta minutos. ☐

   (d)   en sesenta minutos. ☐

2. Antes de llegar al hotel, vamos a . . .

   (a)   parar para ver la catedral. ☑

   (b)   ver los sitios de interés. ☐

   (c)   ver la catedral. ☐

   (d)   ver un vídeo. ☐

3. Esta tarde vamos a . . .

   (a)   cenar, luego ver un vídeo. ☑

   (b)   ver un vídeo y luego cenar. ☐

   (c)   visitar los sitios de interés. ☐

   (d)   hacer un vídeo. ☐

4. Mañana, . . .

   (a)   la mañana está libre y por la tarde veremos la catedral. ☐

   (b)   todo el día está libre. ☐

   (c)   visita organizada por la mañana y nada organizado por la tarde. ☐

   (d)   hay dos visitas organizadas. ☑

5. Nos quedaremos en Zaragoza . . .

   (a)   un día. ☐

   (b)   dos días. ☐

   (c)   tres días. ☑

   (d)   cuatro días. ☐

6. Si tenemos un problema en el hotel, hay que . . .

   (a)   telefonear al guía. ☐

   (b)   ir a la recepción. ☐

   (c)   ir a la habitación tres. ☑

   (d)   llamar al hotel. ☐ **[6]**

Exam practice questions

Reading

1 Lee este artículo.

Pierce Brosnan

'Hasta los diez años vivía con mi tía en Irlanda donde nací. Desgraciadamente mi madre me dejó cuando tenía sólo cuatro años. Más tarde me matriculé en un instituto de arte dramático y allí conocí a mi mujer Cassie. La vida era dura. Había que trabajar mucho para lograr el éxito, pero era la profesión que quería seguir y soy luchador.

Tuve la suerte de conseguir mi primera oportunidad como James Bond y desde entonces no he mirado atrás.

En realidad tengo una vida para envidiar – fama internacional, seguridad financiera y una familia que me quiere. ¿Qué más puedo pedir?

Mi filosofía es que la vida es lo que tú hagas de ella. Al fin y al cabo nadie te debe nada.

A   Elige la segunda parte de cada frase entre (a) e (i).
Escribe la letra adecuada en cada casilla. El número 1 es un ejemplo.

1. Pierce Brosnan es . . .   [C]
2. Su madre le dejó . . .   ☐
3. Conoció a su mujer . . .   ☐
4. Ser actor . . .   ☐
5. Con su primera película . . .   ☐
6. Pierce tiene un estilo de vida . . .   ☐
7. Pierce se ha hecho . . .   ☐

(a)   perezoso   (b) de fracaso   (c) irlandés   (d) rico y famoso
(e) es una carrera difícil   (f) encontró el éxito   (g) cuando era muy jóven
(h) de sueño   (i) en el instituto de arte dramático   **[6]**

B   Después de leer este artículo, ¿qué impresiones da de Pierce Brosnan?
Pon una ✗ en las **dos** casillas más adecuadas.

Pierce es . . .

1. superviviente   ☐
2. trabajador   ☐
3. pesimista   ☐
4. amargado   ☐   **[2]**

Edexcel 2000

Exam practice questions

Writing

1 Durante tu visita a España, tuviste tres problemas. Tu amigo Pablo te ayudó con los tres problemas. Escribe una carta a Pablo.

- Menciona los tres problemas.
- Menciona la ayuda que te prestó en cada caso.
- Da la gracias y da una opinión sobre tu visita.
- Menciona el regalo que acompaña la carta.
- Menciona tus vacaciones del año que viene.

2 Durante una visita a Espana pierdes algo y un español te ayuda a recuperar lo que perdiste. Describe el incidente. Menciona estos puntos:

- dónde estuviste;
- lo que hacías;
- cómo perdiste el artículo;
- la persona que te ayudó;
- lo que harás y tus impresiones.

3 Acabas de volver de Espana. Escribe una carta a tu amiga española describiendo el viaje de regreso.

Menciona estos puntos:

- un problema antes de llegar al aeropuerto;
- un retraso;
- lo que hacías para divertirte;
- una persona a quien encontraste;
- el resto del viaje y el año que viene.

4 Tus padres van a intercambiar tu casa con una familia española durante las vacaciones. Escribe una descripción de tu casa. Menciona estos puntos:

- las habitaciones;
- los muebles;
- el jardín;
- cosas de interés cerca de tu casa;
- transportes públicos;
- el año que viene y el año pasado.

5 Vas a pasar unos días en un albergue juvenil en España. Escribe una carta al albergue. Menciona estos puntos:

- tus visitas a España en el pasado;
- detalles de tu llegada y salida;
- por qué vas a España (da una opinión);
- pide información sobre los alrededores;
- pide información sobre el albergue y su situación.

Haciendo las compras, la comida y la bebida *(Shopping, food and drink)*

The following topics are included in this chapter.

- Shopping, food and drink
- Grammar

4.1 Shopping, food and drink

LEARNING SUMMARY

After studying this section and the following exercises, you should be able to:

- order food and drink in cafés and restaurants
- cope with a variety of role-play situations
- understand information such as menus and signs in shops
- write about your preferences when shopping, eating and drinking

La comida (Food)

AQA A   AQA B
EDEXCEL
OCR
WJEC
NICCEA

Shopping, food and drink are topics that are regularly tested in role-plays. Café and restaurant role-plays are extremely common at GCSE. In listening and reading exercises, you are likely to be tested on the vocabulary. In the conversation test, you may be asked about your shopping habits and what kind of food and drink you like.

Meals

el almuerzo – lunch   **el desayuno** – breakfast   **la merienda** – snack/picnic
la cena – evening meal

el tomate   **la zanahoria**   **la cebolla**

Vegetables

el ajo – garlic
el arroz – rice
la cebolla – onion
el champiñon – mushroom
el col – cabbage
las coles de Bruselas – sprouts
el coliflor – cauliflower
la ensalada – salad

el espárrago – asparagus
las espinacas – spinach
el guisante – pea
el haba (f) – bean
las judías verdes – green beans
la lechuga – lettuce
las legumbres – vegetables
la patata – potato

las patatas fritas – chips
el pepino – cucumber
la pimienta – pepper
el tomate – tomato
las verduras – vegetables
la zanahoria – carrot

la piña

la fresa

la manzana

Fruit

el albaricoque – apricot
la cereza – cherry
la ciruela – plum
la frambuesa – raspberry
la fresa – strawberry

la fruta – fruit
el limón – lemon
la manzana – apple
el melocotón – peach
el melón – melon

la naranja – orange
la pera – pear
la piña – pineapple
el plátano – banana
la uva – grape

Meat

el bistec – steak
la carne – meat
la carne de vaca – beef
el cerdo – pork

el cordero – lamb
el chorizo – garlic sausage
la chuleta – chop

el jamón – ham
el pollo – chicken
la ternera – veal

el cuchillo

el tenedor

la cuchara

On the table

el azúcar – sugar
el bol – bowl
la cafetera – coffeepot
el cubierto – cutlery, place setting
la cuchara – spoon
el cuchillo – knife
el mantel – tablecloth

la mesa – table
la mostaza – mustard
el pimiento – pepper
el platillo – saucer
el plato – dish
la sal – salt
la salsa – sauce, gravy

la servilleta – serviette, napkin
la taza – cup
el tenedor – fork
el vaso – glass
el vinagre – vinegar

Snacks and other food

la barra – loaf
el bizcocho – biscuit
el bocadillo – sandwich
los bombones – sweets
los caramelos – sweets
el chocolate – chocolate

el churro – fritter
la galleta – biscuit
la hamburguesa – hamburger
la harina – flour
el huevo – egg
el panecillo – roll

las papas fritas – crisps
el perrito caliente – hot dog
la salchicha – sausage
la tortilla – omelette

Fish and seafood

los calamares – squid
el cangrejo – crab
las gambas – prawns
la langosta – lobster

los mariscos – seafood
los mejillones – mussels
el pescado – fish
el salmón – salmon

la sardina – sardine
la trucha – trout

el helado

el queso

el yogur

Desserts

el helado – ice-cream
la nata – cream
el pastel – cake

el postre – dessert
el queso – cheese
la tarta – cake

el yogur – yogurt

Breakfast

los cereales – cereals
el huevo pasado por agua – boiled
  egg
la mantequilla – butter

la mermelada – jam
la mermelada de naranja –
  marmalade
la miel – honey

el pan – bread
el pan tostado – toas
la tostada – toast

Drinks

el agua (f) – water	**la cerveza** – beer	**el refresco** – soft drink
el agua mineral con gas – mineral water (fizzy)	**la coca-cola** – coca-cola	**el té** – tea
el agua mineral sin gas – mineral water (still)	**la gaseosa** – lemonade	**el tinto** – red wine
	el jugo de fruta – fruit juice	**el vino** – wine
la bebida – drink	**la leche** – milk	**el zumo de fruta** – fruit juice
el café – coffee	**la limonada** – lemonade	**el zumo de naranja** – orange juice
	la naranjada – orangeade	

Conversation: Grades G–D

¿Tu desayuno?¿Qué comes y qué bebes?	Bebo café con leche y como pan tostado con un huevo.
¿Qué fruta prefieres?	Prefiero las manzanas.
¿Tienes una carne favorita?	Prefiero el pollo.
¿Qué legumbre prefieres?	Prefiero las patatas fritas.
En un café, ¿qué comes y qué bebes?	Normalmente bebo coca-cola y como un perrito caliente.
¿Te gusta helado?	Claro.
¿Qué tipo de helado prefieres?	Prefiero helado de fresa.
De postre, ¿qué prefieres?	Prefiero una tarta o un pastel con nata.
¿Te gusta el queso?	Odio el queso. Prefiero las cosas dulces.
¿Qué te gusta beber?	Para el desayuno bebo té. En un café bebo cerveza.
¿Te gusta el vino?	Me gusta el vino blanco pero no me gusta el vino tinto.

En los restaurantes y las tiendas (In restaurants and shops)

In a restaurant

los aseos – toilets	**el menú del día** – menu of the day	**el sabor** – flavour
el/la camarero/a – waiter/waitress	**el plato combinado** – set meal	**el servicio** – service
	por aquí – this way	**los servicios** – toilets
la comida – food	**la receta** – recipe	**el/la vegetariano/a** – vegetarian
la especialidad – speciality	**el restaurante** – restaurant	

In a café

la bandeja – tray
el café con leche – white coffee
el cafe solo – black coffee
la cafetería – café
la cuenta – bill

el hielo – ice
el mostrador – counter
nada más – that's all
la propina – tip
la ración – portion

la sombra – shade
las tapas – bar snacks
el vaso – glass

Restaurant verbs

almorzar – to have lunch
beber – to drink
cenar – to have dinner

comer – to eat
desayunar – to have breakfast
merendar – to have a snack/picnic

pagar – to pay
pedir – to ask for, to order
probar – to try out

Shops

la agencia de viajes – travel agent
la biblioteca – library
la carnicería – butcher's
el correos – post office
la farmacia – chemist's
la frutería – fruit shop
la hamburguesería – hamburger outlet
la joyería – jeweller's

la librería – bookshop
el mercado – market
la panadería – baker's
la papelería – stationer's
la pastelería – cake shop
la peluquería – hairdresser's
la perfumería – perfume shop
la pescadería – fishmonger's
la relojería – watch maker's

la tabacalera – tobacconist's
la tienda de comestibles – grocer's
la tienda de discos – record shop
la tienda de recuerdos – souvenir shop
la tienda de ultramarinos – grocer's
la verdulería – greengrocer's
la zapatería – shoe shop

Shopping

la alimentación – food
los almacenes – stores
la bolsa – bag
el bolso – bag
la caja – cash desk
el carro – supermarket trolley
la cesta/el cesto – basket
el/la cliente – customer
la cola – queue

los comestibles – food
las compras – shopping
el/la dependiente/a – shop assistant
el descuento – discount
el dinero – money
el escaparate – shop window
la liquidación – sale
el precio – price

las rebajas – reductions
el recuerdo – souvenir
la sección de discos – record section
el supermercado – supermarket
la talla – size
la tienda – shop
el/la vendedor/a – salesperson

At the bank

el billete de banco – banknote

el cajero automático – cashpoint

el cambio – change

el cheque de viajero – traveller's cheque

la comisión – commission

el dinero – money

la libra esterlina – pound (sterling)

la moneda – coin, currency

la tarjeta de crédito – credit card

Shopping verbs

comprar – to buy

costar – to cost

envolver – to wrap up

gastar – to spend (money)

hacer cola – to queue

introducir – to insert

ir de compras – to go shopping

mirar – to look at

pagar – to pay

vender – to sell

Conversation: Grades G–D

AQA A   AQA B
EDEXCEL
OCR
WJEC
NICCEA

¿Vas de compras con tus amigos?

¿Qué compras?

¿Qué comida y bebida te gusta comprar?

Sí, me encanta ir de compras.

Compro ropa y comida y bebida.

Me gusta comprar cosas dulces y gaseosa.

PROGRESS CHECK

Give the Spanish for the following:

1 lunch
2 onion
3 apple
4 lamb
5 knife
6 ice-cream
7 seafood
8 butter
9 beer
10 bill
11 fishmonger's
12 credit card
13 Where is the butcher's?
14 I prefer lamb.
15 I like strawberry ice-cream.
16 I would like to change some traveller's cheques.

1 el almuerzo 2 la cebolla 3 la manzana 4 el cordero 5 el cuchillo 6 el helado
7 los mariscos 8 la mantequilla 9 la cerveza 10 la cuenta 11 la pescadería 12 la tarjeta de
crédito 13 ¿Dónde está la carnicería? 14 Prefiero cordero. 15 Me gusta helado de fresa.
16 Quiero cambiar cheques de viaje.

4.2 Grammar

LEARNING SUMMARY

After studying this section, you should know about:

- *the imperfect tense*
- *direct object pronouns*
- *the personal a*
- *demonstrative adjectives*

The imperfect tense

AQA A   AQA B
EDEXCEL
OCR
WJEC
NICCEA

KEY POINT

The imperfect tense is used for things that 'used to happen' or 'were happening', e.g. 'I used to play football', 'I was going to the cinema', etc. It is often used to describe situations in the past, e.g. 'it was raining', 'she was wearing a coat'.

To form the imperfect, add the -*aba* endings to the stems of -*ar* verbs and the -*ía* endings to the stems of -*er* and -*ir* verbs.

hablar	
hablaba	I was speaking; I used to speak
hablabas	you were speaking; you used to speak
hablaba	he, she was speaking; you were speaking; he, she, you used to speak
hablábamos	we were speaking; we used to speak
hablabais	you were speaking; you used to speak
hablaban	they, you were speaking; they, you used to speak

comer	
comía	I was eating; I used to eat
comías	you were eating; you used to eat
comía	he, she was eating; you were eating; he, she, you used to eat
comíamos	we were eating; we used to eat
comíais	you were eating; you used to eat
comían	they, you were eating; they, you used to eat

vivir	
vivía	I was living; I used to live
vivías	you were living; you used to live
vivía	he, she was living; you were living; he, she, you used to live
vivíamos	we were living; we used to live
vivíais	you were living; you used to live
vivían	they, you were living; they, you used to live

Irregular imperfects

There are only three irregular imperfects:

ir (to go)	*ser* (to be)	*ver* (to see)
iba	era	veía
ibas	eras	veías
iba	era	veía
íbamos	éramos	veíamos
ibais	erais	veíais
iban	eran	veían

PROGRESS CHECK

Give the Spanish for the following:
1 I was wearing my new jersey.
2 It was raining.
3 I used to go to a different school.
4 He was my friend.

1 *Llevaba mi jersey nuevo.*   2 *Llovía.*   3 *Iba a otro instituto.*   4 *Era mi amigo.*

Direct object pronouns

AQA A AQA B
EDEXCEL
OCR
WJEC
NICCEA

Study these sentences.

él **me** *ve*	he sees me	*él* **nos** *ve*	he sees us
él **te** *ve*	he sees you	*él* **os** *ve*	he sees you
él **le/lo** *ve*	he sees him/it/you	*él* **les/los** *ve*	he sees them/you
él **la** *ve*	he sees her/it/you	*él* **las** *ve*	he sees them/you

Pronouns normally come before the verb. When there are two parts to the verb, the pronoun usually comes before the first part:
Me *ha visto.* He has seen me.

Pronouns are attached to the end of the verb:

- when it is an infinitive (i.e. it ends in *-ar*, *-er* or *-ir*):

  *Voy a hacer***lo.**   I am going to do it.

- when it is a present participle (i.e. it ends in *-ando* or *-iendo*):

  *Estoy haciéndo***lo.**   I am doing it.

- when it is a positive command:

  *¡Escúcha***me***!*   Listen to me!

  ¡No **le** *escuches!* Don't listen to him!

> Note that when a pronoun is added to a present participle, you need to add an accent to maintain the stress. But this doesn't happen with negative commands.

The personal 'a'

AQA A   AQA B
EDEXCEL
OCR
WJEC
NICCEA

KEY POINT

If you use a personal a in your writing exam or coursework, you will impress the examiner, so why not learn a few examples?

When the direct object of a sentence is a person, *a* is placed before the person.

*Visité **a** Juan.*	I visited Juan.
Visité la catedral.	I visited the cathedral.

It is sometimes used with regard to a pet when the speaker wishes to show affection for the animal.

*¿Has visto **al** perro?*	Have you seen the dog?

PROGRESS CHECK

Give the Spanish for the following:
1 I saw my friends.
2 I saw the famous places.

1 Vi a mis amigos.   2 Vi los sitios famosos.

Demonstrative adjectives

AQA A   AQA B
EDEXCEL
OCR
WJEC
NICCEA

KEY POINT

The demonstrative adjectives in English are 'this', 'that', 'these' and 'those'.

Look at these examples.

este *chico*	this boy	**ese** *chico*	that boy	**aquel** *chico*	that boy
esta *chica*	this girl	**esa** *chica*	that girl	**aquella** *chica*	that girl
estos *chicos*	these boys	**esos** *chicos*	those boys	**aquellos** *chicos*	those boys
estas *chicas*	these girls	**esas** *chicas*	those girls	**aquellas** *chicas*	those girls

Notice there are two ways of saying 'that' and 'those'. People or things which are referred to by *aquel*, etc., are further away than people or things referred to by *ese*, etc.

*Me gusta **ese** libro pero no me gusta **aquel** libro.*
I like that book, but I don't like that book (i.e. over there).

PROGRESS CHECK

Give the Spanish for the following:
1 that book
2 this book
3 these books
4 those books
5 that chair
6 this chair
7 these chairs
8 those chairs

1 ese/aquel libro   2 este libro   3 estos libros   4 esos/aquellos libros   5 esa/aquella silla
6 esta silla   7 estas sillas   8 esas/aquellas sillas

Sample GCSE questions

Speaking

Role-play 1

You are in a café in Spain. The examiner will play the part of the waiter/waitress.

1. Ask for a table for one person.
2. Order a lemonade.
3. Order a cheese sandwich.
4. Ask if there is a phone.
5. Ask how much it costs.

> *You need to know the question words:*
> ¿quién? *who?*
> ¿cuándo? *when?*
> ¿dónde? *where?*
> ¿por qué? *why?*
> ¿qué? *what?*
> ¿cuánto? *how much?*
> ¿cómo? *how?*
> ¿cuántos/as? *how many?*

Examiner's role and suggested answers

Examiner	*Estás en un café y yo soy el camarero.*
	Buenos días, señorita.
Candidate	*Buenos días. Una mesa para una persona, por favor.*
Examiner	*Muy bien. ¿Qué quieres tomar?*
Candidate	*Una limonada, por favor.*
Examiner	*¿Algo más?*
Candidate	*Un bocadillo de queso, por favor.*
Examiner	*Muy bien.*
Candidate	*¿Hay un teléfono?*
Examiner	*En el rincón.*
Candidate	*Gracias. ¿Cuánto cuesta, por favor?*
Examiner	*Son cuatrocientas pesetas.*

> *There are two words for lemonade:* gaseosa *and* limonada.

Role-play 2

You go into a Spanish bank to change some traveller's cheques. The examiner will play the part of the bank employee and will start the conversation.

1. Say that you want to change your traveller's cheques into Spanish money.
2. Say you have two £50 cheques.
3. Say you have left your passport in the hotel.
4. Find out if the bank will be open at 5 o'clock.
5. Be prepared to answer a question.

> *Try to prepare first, then listen to the CD; only later should you use the text and answers.*

Sample GCSE questions

Examiner's role and suggested answers

Examiner	*Entras en un banco y yo soy la empleada.*
	¿Qué quiere Vd.?
Candidate	*Quiero cambiar mis cheques de viaje en dinero español.*
Examiner	*¿Qué cheques tiene Vd.?*
Candidate	*Tengo dos cheques de cincuenta libras.*
Examiner	*Déme su pasaporte, por favor.*
Candidate	*Lo siento. Lo he dejado en mi hotel.*
Examiner	*¿Puede Vd. volver más tarde con el pasaporte?*
Candidate	*¿El banco estará abierto a las cinco?*
Examiner	*Sí. ¿A qué distancia está su hotel?*

> When asked an unprepared question, candidates very often ask for a repetition out of nervousness and to give themselves time to think. You may well lose a mark if you do so. When asked this question, THINK! Do not ask for a repeat unless you are really at a loss for an answer.

Role-play 3 TRACK **27**

You are buying food at a market for a picnic. The examiner will play the part of the stall holder.

1. Say you are buying food for a picnic and ask for suggestions.

2. Ask for some apples and some bananas.

3. Be prepared to answer a question.

4. Order two items of food.

5. Ask for two types of drink.

> Be sure to have a mental list of food and drinks ready!

Examiner's role and suggested answers

Examiner	*Estás en un mercado y yo soy el vendedor.*
	Buenos días, señorita.
Candidate	*Buenos días. Estoy comprando cosas para una merienda. ¿Puede sugerir cosas?*
Examiner	*Pues, fruta claro.*
Candidate	*Déme unas manzanas y unos plátanos.*
Examiner	*¿Cuántos quiere?*
Candidate	*Cuatro manzanas y tres plátanos.*
Examiner	*Aquí tiene.*
Candidate	*También pan y sardinas.*
Examiner	*Y ¿de beber?*
Candidate	*Vino y limonada.*
Examiner	*¡Que aproveche!*

> *Sugerir is to suggest.*

> *Enjoy your meal!*

Sample GCSE questions

Role-play 4

You enter a tourist information office in order to enquire about changing English money into pesetas. The examiner will play the part of the assistant and will start the conversation.

1. Find out if you can change English money.
2. Find out how much an English pound is worth in pesetas.
3. Ask where the bank is.
4. Ask if the bank is open.
5. Find out at what time the bank opens.

> *Careful!* Libro *means book but* libra *means pound.*

Examiner's role and suggested answers

Examiner	*Estás en una oficina de turismo y yo soy el empleado. Buenos días.*
Candidate	*Buenos días. ¿Puedo cambiar dinero inglés aquí?*
Examiner	*Lo siento no. Tiene que ir al banco.*
Candidate	*¿Una libra vale cuántas pesetas?*
Examiner	*No sé. Hay que preguntar en el banco.*
Candidate	*¿Dónde está el banco?*
Examiner	*Está enfrente, joven.*
Candidate	*¿Está abierto?*
Examiner	*No. Lo siento. Está cerrado.*
Candidate	*¿A qué hora se abre?*
Examiner	*A las cuatro, señorita.*

> Vale *means is worth.*

Writing

You are buying clothes. Make a list of five items. Also give the colour.

	Ropa	Color
Ejemplo:	bañador	marrón
1		6
2		7
3		8
4		9
5		10

> *For the fourth item, the student has used an English word. Steer clear of English words here and in other parts of the Spanish GCSE. Use* camiseta *instead.*
>
> *For the fifth entry, the student has given a French word. It should be* falda.
>
> *The student has also thrown away a mark for using the same word (*negro*) twice.*

Student's answers

1.	zapatos		6.	negro
2.	abrigo		7.	blanco
3.	sombrero		8.	azul
4.	T-shirt		9.	amarillo
5.	jupe		10.	negro

Exam practice questions

Listening

1 TRACK 29

¿Qué van a tomar? Pon la letra adecuada en cada casilla.   1 ☑ 2 ☑ 3 ☑ 4 ☑

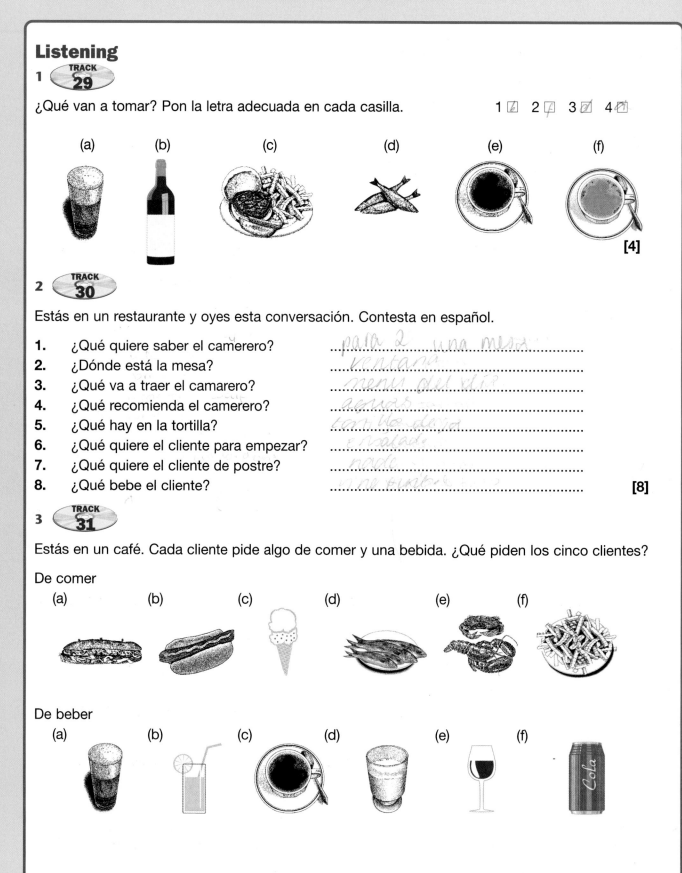

(a)   (b)   (c)   (d)   (e)   (f)

[4]

2 TRACK 30

Estás en un restaurante y oyes esta conversación. Contesta en español.

1.   ¿Qué quiere saber el camarero?   .... para 2   una mesa ....
2.   ¿Dónde está la mesa?   .... ventana ....
3.   ¿Qué va a traer el camarero?   .... menu del día? ....
4.   ¿Qué recomienda el camarero?   .... aguas ....
5.   ¿Qué hay en la tortilla?   .... tortilla denia ....
6.   ¿Qué quiere el cliente para empezar?   .... + salad ....
7.   ¿Qué quiere el cliente de postre?   .... nada ....
8.   ¿Qué bebe el cliente?   .... vino tinto ....   [8]

3 TRACK 31

Estás en un café. Cada cliente pide algo de comer y una bebida. ¿Qué piden los cinco clientes?

De comer

(a)   (b)   (c)   (d)   (e)   (f)

De beber

(a)   (b)   (c)   (d)   (e)   (f)

Exam practice questions

Cliente 1: de comer ☑   de beber ☑

Cliente 2: de comer ☑   de beber ☑

Cliente 3: de comer ☑   de beber ☑

Cliente 4: de comer ☑   de beber ☑

Cliente 5: de comer ☑   de beber ☑   **[10]**

4 TRACK **32**

Estás en el Corte Inglés. Quieres comprar una blusa, una maleta, unos plátanos y una corbata.

1. ¿A qué planta vas para la blusa?

(a) 3ª planta ☐

(b) 2ª planta ☑

(c) 1ª planta ☐

(d) Sótano ☐

2. ¿A qué planta vas para la maleta?

(a) 3ª planta ☐

(b) 2ª planta ☐

(c) 1ª planta ☐

(d) Sótano ☑

3. ¿A qué planta vas para los plátanos?

(a) 3ª planta ☑

(b) 2ª planta ☐

(c) 1ª planta ☐

(d) Sótano ☐

4. ¿A qué planta vas para la corbata?

(a) 3ª planta ☐

(b) 2ª planta ☐

(c) 1ª planta ☑

(d) Sótano ☐   **[4]**

5 TRACK **33**

Escucha a estas personas vendiendo cosas en el mercado. Rellena el espacio con una palabra de la lista.

El primer puesto vende **1** ...~~legumbre~~... y el vendedor dice que sus productos son los más

2 ...~~más baratas~~... del mercado.

El segundo puesto vende cosas para **3** ...~~niños~~... y el vendedor menciona la calidad

4 ...~~buena~~... de sus productos.

El tercer puesto vende **5** ...~~muebles~~... y el vendedor dice que ofrece un servicio **6** ...~~grat~~...

de transporte.

gratuito   niños   relojes   paredes   bueno   superior   baratos   baratas
~~legumbres~~   armas   coches   buena   muebles

[6]

Exam practice questions

Reading

1

1. Empareja cada foto con la frase correcta.

A

C

B

D

Frase	Foto
1 Quiero tomar algo.	
2 Quiero comprar merluza.	
3 Quiero comprar unas aspirinas.	
4 Quiero un folleto sobre la ciudad.	

[4]

2. Aquí está una lista de teléfonos útiles.

TELEFONOS DE INTERES

Aeropuerto Información Iberia	32 20 00
Ayuntamiento	82 02 00
Bomberos	77 43 79
RENFE	31 25 00
Información de carreteras	81 21 20
Información meteorológica	34 24 40
Agencia de viajes	77 40 40
Noticias	31 32 30

Exam practice questions

Escribe el número que tienes que marcar si . . .

(a) quieres saber qué tiempo va a hacer mañana.

(b) dejas tu paraguas en el tren.

(c) quieres ir de excursión a Sevilla.

(d) quieres información sobre la llegada de un avión.

(e) vas a viajar en coche y quieres saber si habrá problemas.   **[5]**

3. Mira este anuncio y contesta la pregunta en español.

> **ESTANCO-LIBRERIA**
> **J.L. PEREZ GALDOS**
> **Villanueva de la Peña**

¿Qué se vende aquí?   **[1]**

WJEC 1999

2 Lee el texto y contesta las preguntas en español.

Jornada completa en Isla Fantasía

Una de las opciones del verano para disfrutar de actividades refrescantes son los parques acuáticos, y entre ellos Isla Fantasía es una de las ofertas más veteranas. Considerado el mayor parque acuático de Europa, ofrece una variada gama de atracciones, con agua y sin ella, para que toda la familia combata el calor. Y como que en verano el calor no sólo dura cuando calienta el sol, la noche de los sábados el parque acuático de Vilassar de Dalt permanece abierto hasta las cuatro de la madrugada. La discoteca, las salas de baile y la carpa, con actuaciones en directo, cierran una hora más tarde.

1. ¿Qué tipo de parque es la Isla Fantasía?

2. ¿Es una oferta nueva o antigua?

3. ¿Cómo se puede combatir el calor en el parque?

4. ¿Por qué se abre hasta las cuatro de la madrugada los sábados?

5. ¿Dónde se puede pasarlo bien durante una noche de verano?

(Menciona dos detalles.)   **[5]**

WJEC 1999

Exam practice questions

3 Lee el artículo.

Source: Mía, August 1996

> El 'picnic' es la solución ideal para que niños y mayores disfruten de la naturaleza y del buen tiempo. Sin embargo, no es una excusa para comer cualquier cosa.
>
> Lleva platos de poca grasa, por ejemplo pollo, atún, salmón o verduras. Para el postre es mejor elegir frutas pero ¡ten cuidado si las llevas en una mochila! Trata de elegir las que son resistentes a los golpes: pomelos, naranjas, manzanas, etc. Para conservar los alimentos en perfectas condiciones, ponlos en un lugar fresco.

1. Un 'picnic' es una buena oportunidad de .... de la naturaleza y del ....

2. Si haces un 'picnic', hay que escoger cuidadosamente lo que ....

3. Debes traer comida no muy ....

4. Se recomiendan dos variedades de ....

5. ¡Atención si traes frutas en una .... !

6. Trata de elegir las frutas que son ....

7. La comida será más sana si la .... en un lugar frío.

Rellena los espacios con una palabra adecuada de la lista abajo. Escribe sólo *una* palabra **en español** en cada espacio.

bolsa	guardas	pescado	escaparse	grasienta	comes
aprovecharse	firmes	sol	barata		

[8]
CCEA 2000

4

1. Un billete de tren

Billete y reserva							
Tren	**Clase**	**Fecha**	**Salida**	**Llegada**	**Coche**	**Plaza**	**Departamento**
RENFE	2ª	28/10	07:30	09:15	4	23	**no fumadores**
De: BARCELONA				**A: MADRID**			**Ida y vuelta**
RENFE							**Importe: 7.300 ptas.**

Exam practice questions

Lee estas frases. Escribe **V** (verdad), **M** (mentira) o **?** (no se sabe).

Es un billete para una persona que quiere . . .

Ejemplo   salir por la mañana.   ☑ *V*

(a)   ir a Madrid y volver.   ☐

(b)   ir en primera clase.   ☐

(c)   fumar.   ☐   **[3]**

2.   En la cafetería

Lista de precios		*Comida*	*Precio*
Comida	*Precio*		150 ptas
	400 ptas		250 ptas
	200 ptas		100 ptas
	350 ptas		300 ptas

¿Cuánto cuesta . . . ?

Ejemplo   un perrito caliente   350 ptas

(a)   una hamburguesa   ....

(b)   un bocadillo   ....

(c)   un helado   ....   **[3]**

3.   En el hotel

Empareja los dibujos con las notas. No se necesitan todas las notas.

A   *Quisiera reservar una habitación con dos camas individuales con televisor para dos noches.*

B   *Quisiera reservar una habitación doble con baño para una semana.*

C   *Quisiera reservar una habitación con cama individuales para una noche.*

D   *Quisiera confirmar la reserva de una habitación doble con ducha para un fin de semana.*

E   *Quisiera reservar una habitación con cama de matrimonio y cama individual con baño para el 20 de agosto.*

F   *Quisiera confirmar la reserva de una habitación con una cama de matrimonio y dos camas individuales con ducha para una semana.*

Exam practice questions

Escribe la letra correcta en cada casilla.

Ejemplo ☐ C

(a) ☐

(b) ☐

(c) ☐

4. Las fotos de Ana

(a) Escoge la foto correcta para cada resumen. No se necesitan todas las fotos.

A   B   C   D

E   F   G   H

Ejemplo En esta foto se ve el perro de Ana. Se llama Perla.
Ana compró el perro con el dinero que recibió
de su abuelo para su cumpleaños. ☐ D

(i) El año pasado fue con su familia a Mallorca de vacaciones.
Fueron unas vacaciones estupendas. Fue a la playa y tomó el sol. ☐

(ii) Esta foto se sacó el día de su cumpleaños.
Sus amigos le hicieron una fiesta. Había música y bailó mucho.
Le regalaron un disco compacto. ☐

(iii) Esta foto se sacó hace dos años. Están todos los alumnos del curso.
Fue el último día de clase antes de las vacaciones y por eso están tan contentos. ☐

(iv) En esta foto sólo tenía cuatro años. Era gordita y muy simpática.
Ese día jugó con la niña de la casa de al lado. ☐

(b) Lee los resúmenes otra vez.

Ejemplo ¿Qué hizo Ana con el dinero de su abuelo?

Compró un perro.

(i) ¿Qué hizo Ana en Mallorca? (dos cosas)

(ii) ¿Qué hizo Ana durante la fiesta de cumpleaños?

(iii) ¿Qué hizo Ana con la niña de la casa de al lado?   **[8]**

AQA 2000

Exam practice questions

5 El hockey sobre patines.

Club Patín Aluche

«Hockey» sobre patines

Adrián juega al hockey sobre patines. Los nueve miembros del equipo tienen entre quince y dieciséis años. Adrián, como la mayoría de ellos, empezó a jugar al hockey hace cuatro años. Hoy el equipo, que se llama 'El Club Patín Aluche', es el mejor de Madrid. Muchos miembros empezaron practicando otros deportes – fútbol, kárate, natación – pero todos los dejaron por el hockey porque 'es mucho más emocionante' dice Javier. Entrenan tres días a la semana durante una hora y media. 'Por eso no me queda mucho tiempo para mis estudios' dice Carlos, el capitán y la estrella del equipo.

De lo único que se quejan es de la falta de promoción de este deporte. 'No se hace apenas publicidad del hockey' apunta Alejandro, así que 'hay muy pocos chicos que se animen a practicarlo' afirma Daniel.

De todas formas los que sí tienen claro es que nunca van a dejar de patinar porque, como dice Adrián, 'el hockey es mi vida'.

Ejemplo   ¿Cuántas personas hay en un equipo de hockey sobre patines? *Nueve.*

1. ¿Desde hace cuánto tiempo juega al hockey Adrián?
2. ¿Cómo se sabe que el club ha tenido mucho éxito?
3. ¿Por qué prefiere Javier el hockey sobre patines?
4. ¿Cómo se llama el mejor jugador del equipo?
5. ¿Por qué es difícil encontrar nuevos jugadores?   **[5]**

AQA 2000

Writing

1 Escribe una carta a un hotel para reservar habitaciones. Menciona estos puntos:

- las fechas de tu estancia;
- la persona que te acompañará;
- el tipo de habitaciones que quieres y el precio;
- una visita en el pasado y tus impresiones;
- pide información sobre los sitios de interés;
- tus planes y tu medio de transporte en Espana.

El trabajo y el futuro (Work and future plans)

The following topics are included in this chapter.

● **Work and future plans**
● **Grammar**

5.1 Work and future plans

LEARNING SUMMARY

After studying this section and the following exercises, you should be able to:

● **talk about your work experiences and your future plans**
● **cope with role-plays that deal with work**
● **write a letter of application for a job**
● **understand information about work-related situations in a Spanish-speaking country**

El trabajo (Work)

AQA A AQA B
EDEXCEL
OCR
WJEC
NICCEA

You are likely to be asked about your future plans in the conversation test, and you must be able to offer verbs in the future tense (which is dealt with in this chapter). Your role-play may have an imaginary work experience as a setting. You might like to talk about your work experience for your presentation. In the writing exam, it is very common to be asked to write a letter of application for a job. You might like to offer such a letter for coursework. In the listening and reading tests, you may be tested on your knowledge of the words for all the different jobs.

The world of work

la ambición – ambition
el anuncio – advertisement
la carrera – career
el comercio – trade
la compañía – company
la computadora – computer
el despacho – (individual) office
el empleo – job
la empresa – firm
la entrevista – interview

la fábrica – factory
la finca – farm
el formulario – form
la fotocopia – photocopy
la hoja de solicitud – job application form
la industria – industry
la máquina de escribir – typewriter
los negocios – business
la oferta – offer

la oficina – (large) office
el ordenador – computer
la profesión – profession
el proyecto – plan
el sindicato – trade union
el sueldo – pay
el trabajo – work
el turismo – tourism
la universidad – university

el dentista

la doctora

la cajera

Jobs

el abogado – lawyer

el actor/la actriz – actor/actress

la ama de casa – housewife

el arquitecto – architect

el/la artista – artist

el/la autor/a – author

la azafata – flight attendant

el bombero – firefighter

el/la cajero/a – cashier

el/la camarero/a – waiter/waitress

el camionero – lorry driver

el/la cantante – singer

el carnicero – butcher

el carpintero – carpenter

el cartero – postman

el chófer – driver

el/la cocinero/a – cook

el/la conductor/a – driver

la criada – maid

el cura – priest

el dentista – dentist

el/la dependiente/a – shop assistant

el/la doctor/a – doctor

el/la electricista – electrician

el/la enfermero/a – nurse

el/la escritor/a – writer

el/la florista – florist

el fontanero – plumber

el fotógrafo – photographer

el frutero – fruit seller

el funcionario – civil servant

el/la garajista – garage attendant

el granjero – farmer

el/la guardia – police officer

el/la guía – guide

el/la hombre/mujer de negocios – businessman/-woman

el ingeniero – engineer

el jardinero – gardener

el juez – judge

el/la maestro/a – teacher (primary school)

el marinero – sailor

el mecánico – mechanic

el minero – miner

el obrero – worker

el panadero – baker

el/la peluquero/a – hairdresser

el/la periodista – journalist

el pescador – fisherman

el piloto – pilot

el/la pintor(a) – painter

el/la policía – police officer

el/la profesor(a) – teacher

el/la recepcionista – receptionist

el sastre – tailor

el/la secretario/a – secretary

el soldado – soldier

el/la taxista – taxi driver

el tendero – shopkeeper

Verbs

cuidar – to take care of

cultivar – to grow

diseñar – to design

emplear – to employ, to use

escribir – to write

estar en paro – to be unemployed

ganarse la vida – to earn your living

hacerse – to become

pagar – to pay

trabajar – to work

trabajar de canguro – to babysit

PROGRESS CHECK

Give the Spanish for the following:
1 I want to be a doctor.
2 I don't want to work in an office.
3 I worked for a week in a hotel.
4 The work was interesting.

4 *El trabajo era interesante.*

1 *Quiero ser médico.* 2 *No quiero trabajar en una oficina.* 3 *Trabajé una semana en un hotel.*

Conversation: Grades G–D

AQA A AQA B
EDEXCEL
OCR
WJEC
NICCEA

This immediate future will get you extra marks

¿Qué vas a hacer el año que viene?

Voy a seguir con mis estudios. Voy a estudiar el inglés, el francés y por supuesto el español.

Cuando termines tu bachillerato, ¿qué quieres hacer?

Quiero ir a una universidad para estudiar . idiomas

Y ¿después de la universidad?

Quiero ser músico/a. Quiero hacer mucho dinero y ser muy famoso/a.

Conversation: Grades C–A*

AQA A AQA B
EDEXCEL
OCR
WJEC
NICCEA

A good variety of tenses: preterite, imperfect and future.

¿Qué tipo de trabajo has hecho?

Durante mi semana de trabajo, trabajé en una oficina en el centro de la ciudad.

Y ¿qué tenías que hacer?

Tenía que hacer llamadas y escribir cartas.

Y ¿te gustó el trabajo?

Sí, me gustó pero no quiero hacer este tipo de trabajo en el futuro.

¿En qué quieres trabajar?

Quiero ir a la universidad para estudiar medicina . . . luego viajar por todo el mundo, luego trabajar en Londres. Seré médico.

5.2 Grammar

LEARNING SUMMARY

After studying this section, you should know about:

● **the future tense**
● **possessive adjectives**
● **ser and estar**

The future tense

AQA A AQA B
EDEXCEL
OCR
WJEC
NICCEA

Regular futures

KEY POINT

The future tense is used to describe future events; in English, the words 'will' and 'shall' are use to convey the future tense, e.g. 'I shall see', 'they will go'.

There is only one set of endings for the future.

To form the future tense in Spanish, you add the following endings to the infinitive:
-é, -ás, -á, -emos, -éis, -án

hablar	
hablaré	I will speak
hablarás	you will speak
hablará	he, she, you will speak
hablaremos	we will speak
hablaréis	you will speak
hablarán	they, you will speak
comer	
comeré	I will eat
comerás	you will eat
comerá	he, she, you will eat
comeremos	we will eat
comeréis	you will eat
comerán	they, you will eat
vivir	
viviré	I will live
vivirás	you will live
vivirá	he, she, you will live
viviremos	we will live
viviréis	you will live
vivirán	they, you will live

Note that they all have the same endings

Irregular futures

decir (to say)	hacer (to do/make)	poner (to put)
diré	haré	pondré
dirás	harás	pondrás
dirá	hará	pondrá
diremos	haremos	pondremos
diréis	haréis	pondréis
dirán	harán	pondrán
haber (to have)	**poder (to be able)**	**querer (to want)**
habré	podré	querré
habrás	podrás	querrás
habrá	podrá	querrá
habremos	podremos	querremos
habréis	podréis	querréis
habrán	podrán	querrán
saber (to know)	**tener (to have)**	
sabré	tendré	
sabrás	tendrás	
sabrá	tendrá	
sabremos	tendremos	
sabréis	tendréis	
sabrán	tendrán	

salir (to go out)	*venir* (to come)
saldré	vendré
saldrás	vendrás
saldrá	vendrá
saldremos	vendremos
saldréis	vendréis
saldrán	vendrán

PROGRESS CHECK

Give the Spanish for the following:
1 I will work
2 I will put
3 I will be
4 I will do

1 trabajaré   2 pondré   3 seré/estaré   4 haré

Possessive adjectives

AQA A   AQA B
EDEXCEL
OCR
WJEC
NICCEA

KEY POINT Possessive adjectives are used to describe possession; in English, they are 'my', 'your', 'his', 'her', 'its', 'our', 'their'.

Look at these examples

Remember that, in the singular, tu/tus is used for 'you' (familiar) and su/sus for 'you' (polite).

mi *libro*	my book	**mis** *libros*	my books
tu *libro*	your book	**tus** *libros*	your books
su *libro*	his book	**sus** *libros*	his books
su *libro*	her book	**sus** *libros*	her books
su *libro*	your book	**sus** *libros*	your books

Note that nuestro and vuestro are the only forms that change for masculine/feminine.

nuestro *hermano*	our brother	**nuestros** *hermanos*	our brothers
nuestra *hermana*	our sister	**nuestras** *hermanas*	our sisters
vuestro *hermano*	your book	**vuestros** *hermanos*	your brothers
vuestra *hermana*	your sister	**vuestras** *hermanas*	your sisters
su *libro*	their book	**sus** *libros*	their books
su *libro*	your book	**sus** *libros*	your books

In the plural, vuestro/a/os/as is used for 'you' (familiar) and su/sus for 'you' (polite).

KEY POINT The possessive adjectives agree with the object possessed, not the person possessing them.

PROGRESS CHECK

Give the Spanish for the following:
1 my dog
2 your book (tú)
3 his car
4 her car
5 our house
6 their friends

1 mi perro   2 tu libro   3 su coche (de él)   4 su coche (de ella)   5 nuestra casa   6 sus amigos (de ellos)

Ser and *estar*

AQA A **AQA B**
EDEXCEL
OCR
WJEC
NICCEA

Both these verbs mean 'to be'. To work out which to use, the following formula is useful:

- In a 'who' situation, use *ser*:

  ¿Quién es? Es nuestro profesor. Who is he? He is our teacher.

  Él es francés y ella es belga. He is French and she is Belgian.

- In a 'what' situation, use *ser*:

  ¿Qué es eso? Es una mesa. What is that? It's a table.

- In a 'when' situation, use *ser*:

  ¿Qué hora es? Son las dos. What time is it? It is two o'clock.

  ¿Qué fecha es? Es el dos de mayo. What's the date? It's the second of May.

  Es verano. It's summer.

- In a 'where' situation, use *estar*:

  ¿Dónde está la estación? Está allí. Where is the station? It's there.

- In a 'what like' situation, you must work out whether the description refers to a temporary characterisic or a permanent characteristic. If the characteristic is temporary, use *estar*; if permanent, use *ser*:

  El cielo está azul. The sky is blue (but it may well change colour soon).

  La puerta es azul. The door is blue (although it may be repainted, the colour is a fairly permanent feature of the door).

PROGRESS CHECK

Which is correct?
1 Soy/estoy alumno.
2 ¿Dónde está/es la estación?
3 La casa es/está verde.

1 *Soy alumno.*   2 *¿Dónde está la estación?*   3 *La casa es verde.*

Sample GCSE questions

Speaking

Role-play 1 TRACK **34**

You see this advertisement for work in Spain and you decide to apply for the job. You have an interview. The examiner will be your interviewer and will start the conversation.

> **Se busca en seguida**
> **Camarero/a – 16–25 años**
> **Debe hablar español e inglés**
> **Tel: Madrid 416 43 38**

Examiner's role and suggested answers

Examiner	*Buscas trabajo en España y estoy entrevistándote. Buenos días. Su nombre, por favor.*
Candidate	*Me llamo John.*
Examiner	*¿Su apellido?*
Candidate	*Es Brown.*
Examiner	*¿De dónde es Vd.?*
Candidate	*Soy inglés.*
Examiner	*¿Cuántos años tiene?*
Candidate	*Tengo dieciséis años.*
Examiner	*¿Qué lenguas habla?*
Candidate	*Hablo inglés y español.*
Examiner	*¿Tiene Vd. experiencia?*
Candidate	*Trabajé en un bar el año pasado. ¿Cuánto dinero ganaré?*
Examiner	*Quinientas pesetas a la hora. ¿Puede empezar mañana?*
Candidate	*Sí, no hay problema.*

> Idiomas *means* languages. You can also *use* lenguas.

> *Remember that* nombre *means first name and* apellido *is second name.*

Sample GCSE questions

Writing

Quieres trabajar en España. Escribe una carta a un hotel.

Menciona estos puntos:

- por qué quieres ir a España;
- el tipo de trabajo que te gusta;
- tu experiencia;
- tus idiomas;
- te gusta trabajar con gente;
- la duración de tu estancia;
- el dinero;
- comida y alojamiento.

You need to know how to write a date and start and finish a formal letter.

Model answer

Blackpool, 23 de marzo

Estimado Señor:

He visto[1] su anuncio en el periódico y me gustaría[2] trabajar en su hotel. Quiero[3] trabajar en España porque estoy aprendiendo español y quiero conocer las costumbres de España. Me encanta[4] España porque la gente es muy simpática[5]. Podría[2] trabajar en el bar lavando los vasos porque he hecho[1] este trabajo ya en Inglaterra durante un periodo de experiencia de trabajo. También he trabajado[1] en una tienda vendiendo ropa. Llevo cuatro años aprendiendo[6] español y francés y hablo las dos lenguas casi perfectamente. También me gusta conocer gente y me gustó muchísimo mi trabajo en un hotel.

¿Puedo trabajar seis semanas durante julio y agosto? ¿Cuánto ganaré[7]? ¿Tendré[7] que pagar mis comidas y mi alojamiento?

Le saluda atentamente

A. Young

You must look at the above points and work out where you have opportunities to use past, present and future tenses and also to express and justify opinions.

1. Perfect tense
2. Conditional
3. Present tense
4. An opinion
5. A justification for that opinion
6. 'I have been learning': a very impressive structure
7. Future tense

Exam practice questions

Listening

1 TRACK 35 **Información personal**

Rellena los espacios en esta ficha.

Apellidos	Alvarez Díaz
Nombre	Jorge
Edad	...........18...........
Fecha de nacimiento	el trece de ....junio.....
Año	..........1978..........
Profesión del padre	....medico....
Profesión de la madre	....profesor de inglés

[5]

2 TRACK 36 **El futuro**

Escucha lo que dice José y después Lolita sobre sus asignaturas, sus ambiciones y sus pasatiempos. Las asignaturas que no les gustan ya está escritas. Rellena los huecos.

José

Asignatura que no le gusta	*los idiomas*
1. Asignatura preferida	*las ciencias*
2. Ambición	*medico*
3. Pasatiempo preferido	*patinar*

Lolita

Asignatura que no le gusta	*la historia*
4. Asignatura preferida	*el frances*
5. Ambición	*profesora de frances*
6. Pasatiempo preferido	*de lectura*

[6]

3 TRACK 37 **Un empleo**

Oyes un anuncio en la radio. ¿Cuáles son las dos ventajas de este empleo?

alojamiento sin gratis
el medio ambiente
pagaré sin puntos

[2]

Exam practice questions

Reading

1 Study this advertisement and answer the questions in English.

**Camping de 1ª categoría, precisa para TEMPORADA
Cocineros/Ayudantes de cocina**

Platja d'Aro: Retribución a convenir, compuesto por un fijo más incentivos. Temporada de verano. Buscamos profesionales, con experiencia mínima de tres años. Preferible resida en la zona, en caso contrario se facilitará vivienda.

Interesados enviar Currículum Vitae con fotografía reciente a la Ref. AG 32 a:

ECTA 3 Anuncis, C/ Pelayo, 7-1º 08001 Barcelona.

Se ruega abstenerse de llamar por teléfono o presentarse.

---

1. Name one job that is advertised at the campsite.

2. For what season is the job?

3. What type of people are they looking for? (two details)

[4]

WJEC 2000

2 Lee los anuncios.

Se necesita . . .		**Para . . .**	
A	mecánico	1	trabajar en un restaurante.
B	profesora	2	trabajar en una tienda
C	cocinero	3	dar clases.
D	periodista	4	reparar coches.
E	dependiente	5	escribir artículos.

Escribe el número que corresponde a cada letra.

Letra	Número
A	
B	
C	
D	
E	

[5]

CCEA 2000

115

Exam practice questions

3

Lee el artículo.

Una granja escuela

El precio medio por persona y día en una granja escuela es de 3.500 pesetas, comida y alojamiento incluidos.

Lo normal es que los estudiantes trabajan de lunes a viernes durante el curso escolar.

Las clases de naturaleza suelen hacerse en visitas de un día, que, como no incluyen la noche, son bastante más baratas (unas 1.300 pesetas por persona y día).

Cada lugar tiene sus propias reglas, y así, mientras algunos talleres trabajan sólo con niños en edad escolar, en la granja escuela de Avioncillo, por ejemplo, lo normal es trabajar con adolescentes o con profesores interesados en adquirir esos conocimientos.

Completa las frases. Pon una ✗ en las casilla correcta (**a**, **b**, **c** o **d**).

a) El precio de 3.500 pesetas es

  A el coste mínimo por persona y día. ☐

  B el coste máximo por persona y día. ☐

  C por pensión completa. ☐

  D por pensión media. ☐

b) Los estudiantes trabajan en la granja escuela

  A durante el invierno. ☐

  B durante la mayor parte del año. ☐

  C los fines de semana. ☐

  D en el verano. ☐

c) Las clases de naturaleza

  A son por la noche. ☐

  B duran sólo un día. ☐

  C cuestan 1.300 pesetas por grupo. ☐

  D cuestan bastante dinero. ☐

d) Cada granja escuela

  A trabaja con niños. ☐

  B trabaja con niños y adultos. ☐

  C se organiza de una manera independiente. ☐

  D tiene muchos talleres. ☐

e) En Avioncillo

  A trabajan sólo con jovenes. ☐

  B la escuela tiene buenos profesores. ☐

  C unos profesores asisten a las clases. ☐

  D las clases son muy interesantes. ☐

[5]

CCEA 1999

Exam practice questions

Writing

1 Your Spanish friend Felipe wants to spend some time at your school.

He has written to ask for some information about the school.

Contesta en **español**.

Ejemplo   ¿Qué uniforme llevas?

   Llevo un pantalón y un jersey.

1.   ¿Cómo vas al colegio?   ....
2.   ¿Qué asignaturas estudias?   ....
3.   Describe a los profesores.   ....
4.   ¿Qué comes a mediodía?   ....
5.   ¿A qué hora vuelves a casa?   ....   **[10]**

AQA 2000

2 Tu amigo español, Felipe, te manda esta tarjeta.

> *¡Buena suerte con tus exámenes!*
>
> *Espero que tengas éxito con tus exámenes. Mis estudios no van muy bien y no sé qué hacer el año que viene. Pronto tendremos mucho tiempo libre - yo tengo muchos planes. Voy a ver un concierto en julio. También hay muchas películas que quiero ver.*
>
> *Un abrazo*
>
> *Felipe*

Escribe una carta en **español** a Felipe. Menciona:

- tu opinión sobre tus exámenes;
- qué vas a hacer el septiembre que viene;
- cuándo fuiste al cine por última vez;
- si te gustó la película o no y por qué;
- qué haces en tus ratos libres;
- qué tipo de música te interesa.   **[18]**

Pide: algo sobre el concierto que Felipe va a ver.

AQA 2000

Salud, accidentes e incidentes

(Health, accidents and incidents)

The following topics are included in this chapter.

- *Health, accidents and incidents*
- *Grammar*

6.1 Health, accidents and incidents

After studying this section and the following exercises, you should be able to:

- *describe your (or somebody else's) state of health*
- *say how an accident happened and what happened next*
- *describe incidents such as thefts*
- *deal with a variety of role-plays about health problems*
- *understand information about health issues in a Spanish-speaking country*

La salud (Health)

The Health topic is frequently examined in role-play. You may be required to role-play a visit to the doctor. You may have to talk about or write about witnessing an accident and calling the ambulance. You may be asked to talk or write about an incident such as a theft.

el pelo

la oreja

la mejilla

el cuello

el ojo

la nariz

la boca

The body

la barba – beard
la barbilla – chin
el bigote – moustache
la boca – mouth
el brazo – arm
los cabellos – hair
la cabeza – head
la cara – face
el codo – elbow
el corazón – heart
el cuello – neck
el cuerpo – body
el dedo – finger

el diente – tooth
la espalda – back
el estómago – stomach
la frente – forehead
la garganta – throat
el hombro – shoulder
el hueso – bone
el labio – lip
la lágrima – tear
la lengua – tongue
la mano – hand
la mejilla – cheek
la muela – tooth (molar)

la muñeca – wrist
la nariz – nose
el ojo – eye
la oreja – ear
el pelo – hair
el pie – foot
la piel – skin
la pierna – leg
la rodilla – knee
el rostro – face
el tobillo – ankle
el vientre – stomach
la voz – voice

Health and illness

la ambulancia – ambulance
la aspirina – aspirin
el catarro – cold
la cita – appointment (e.g. with doctor)
la clínica – clinic
el comprimido – tablet
el consultorio – doctor's surgery
la crema – cream
la cura – cure
el dolor – pain
el dolor de cabeza – headache
el dolor de muelas – toothache

la droga – drug
el empaste – filling
la enfermedad – illness
el esparadrapo – sticking plaster
la farmacia – chemist's
la fiebre – temperature
la gripe – flu
la herida – wound
la insolación – sunstroke
la inyección – injection
el medicamento – medicine
la medicina – medicine
la operación – operation

la pastilla – tablet
la picadura – bite (insect)
la quemadura – burn
la receta – prescription
el remedio – remedy
el resfriado – cold
la salud – health
el SIDA – AIDS
el síntoma – symptom
la tirita – sticking plaster
la tos – cough
el tratamiento – treatment
la venda – bandage

People

el dentista – dentist
el/la doctor/a – doctor

el/la enfermero/a – nurse
el/la farmacéutico/a – chemist

el/la médico/a – doctor

Verbs

cortar – to cut
desmayarse – to faint
doler – to hurt
estar bien – to feel OK
estar constipado – to have a cold
estar mal – to feel ill
guardar cama – to stay in bed

mantener – to maintain
marearse – to get dizzy, seasick
picar – to bite, to sting
quemarse – to burn oneself
remediar – to put right
resbalar – to slip
sentirse – to feel

temblar – to tremble
torcer – to turn, to twist
toser – to cough
vendar – to bandage
vomitar – to vomit

Los accidentes y los incidentes (Accidents and incidents)

AQA A   AQA B
EDEXCEL
OCR
WJEC
NICCEA

Accidents/incidents

el accidente – accident
la ambulancia – ambulance
el asesinato – murder
el atraco – hold-up, mugging
la aventura – adventure
el aviso – warning
la ayuda – help
la bomba – bomb
la cárcel – prison
el choque – collision
el crimen – crime
el daño – damage
el desastre – disaster

la descripción – description
la desgracia – misfortune
la escena – scene
el fuego – fire
el fusil – rifle
el golpe – blow
el grito – shout
el humo – smoke
el incendio – fire
la inundación – flood
la mentira – lie
la multa – fine
el peligro – danger

la pérdida – loss
el pinchazo – puncture, flat tyre
la recompensa – reward
el rescate – rescue
el riesgo – risk
el robo – robbery
la sangre – blood
el secuestro – kidnapping
el testigo – witness
la tragedia – tragedy
la vida – life

People

el asesino – murderer
el bombero – firefighter
el drogadicto – drug addict

el/la ladrón (-ona) – thief, burglar
el/la policía – police officer
la policía – police

el ratero – pickpocket
la víctima – victim

Verbs

ahogarse – to drown
apagar – to put out (e.g. a fire)
asesinar – to murder
atacar – to attack
atropellar – to run over
chocar (con) – to collide (with)
cometer – to commit
cruzar – to cross

desaparecer – to disappear
describir – to describe
golpear – to hit
gritar – to shout
herirse – to get injured
ocurrir – to happen
parar – to stop
pegar – to hit

rescatar – to rescue
robar – to steal
romperse – to break
salvar – to save
secuestrar – to kidnap
suceder – to happen

Conversation: C–A*

AQA A   AQA B
EDEXCEL
OCR
WJEC
NICCEA

¿Qué tal las vacaciones? — Mal. Estaba enfermo/a.
¿Qué te pasaba? — Tenía dolor de estómago.
¿Fuiste a ver al médico? — Sí, me dio una receta.

¿Viste el accidente? — Sí, hubo una colisión entre un coche y un camion.
¿Hubo heridos? — El camionero se rompió el brazo y el conductor del coche se cortó la cara.

PROGRESS CHECK

Give the Spanish for the following:

1 heart
2 sunstroke
3 nurse
4 to stay in bed
5 murder
6 firefighter
7 to drown

8 I have a headache.
9 I have a cold.
10 I have toothache.
11 The car braked.
12 The lorry killed a child.
13 I must stay in bed.

1 el corazón 2 la insolación 3 el/la enfermero/a 4 guardar cama 5 el asesinato 6 el bombero
7 ahogarse 8 Tengo dolor de cabeza. 9 Tengo un resfriado. 10 Tengo dolor de muelas. 11 El
coche frenó. 12 El camión mató a un niño. 13 Tengo que guardar cama.

6.2 Grammar

LEARNING SUMMARY

After studying this section, you should know about:

- **the conditional**
- **conocer and saber**
- **expressions with tener**

The conditional

AQA A   AQA B
EDEXCEL
OCR
WJEC
NICCEA

KEY POINT

The conditional is recognised in English by the use of the word 'would' or sometimes 'should', e.g. I would go, I should like.

You should master the conditional if you want to get an A or A*. Its use will impress examiners, and you should try to include it in your writing tasks and if possible in your conversation test.

Regular conditionals

In Spanish, you form the conditional by adding the endings used for the imperfect of -er and -ir verbs to the infinitive.

hablar	
hablaría	I would speak
hablarías	you would speak
hablaría	he, she, you would speak
hablaríamos	we would speak
hablaríais	you would speak
hablarían	they, you would speak
comer	
comería	I would eat
comerías	you would eat
comería	he, she, you would eat
comeríamos	we would eat
comeríais	you would eat
comerían	they, you would eat

vivir	
viviría	I would live
vivirías	you would live
viviría	he, she, you would live
viviríamos	we would live
viviríais	you would live
vivirían	they, you would live

Irregular conditionals

The irregular conditionals use the same stems as the irregular futures.

 Verbs which are irregular in the future are also irregular in the conditional.

decir (to say)	hacer (to do/make)	poner (to put)
diría	haría	pondría
dirías	harías	pondrías
diría	haría	pondría
diríamos	haríamos	pondríamos
diríais	haríais	pondríais
dirían	harían	pondrían
haber (to have)	**poder (to be able)**	**querer (to want)**
habría	podría	querría
habrías	podrías	querrías
habría	podría	querría
habríamos	podríamos	querríamos
habríais	podríais	querríais
habrían	podrían	querrían
saber (to know)	**tener (to have)**	
sabría	tendría	
sabrías	tendrías	
sabría	tendría	
sabríamos	tendríamos	
sabríais	tendríais	
sabrían	tendrían	
salir (to go out)	**venir (to come)**	
saldría	vendría	
saldrías	vendrías	
saldría	vendría	
saldríamos	vendríamos	
saldríais	vendríais	
saldrían	vendrían	

Give the Spanish for the following:
1 He said he would come.
2 He said that they would go out.

1 Dijo que vendría.   2 Dijo que saldrían.

Conocer and *saber*

Both of these verbs mean 'to know'. *Conocer* is to know a person or a place, and *saber* is to know a fact or how to do something.

Conozco Madrid muy bien.	I know Madrid very well.
¿No conoces a María?	Don't you know María?
Sé la hora pero no sé la fecha.	I know the time but not the date.
Ella sabe nadar y él sabe cocinar.	She can swim and he can cook.

Give the Spanish for the following:
1 I know Paul.
2 I know what he will do.
3 I can swim.

1 Conozco a Paul.   2 Sé lo que hará.   3 Sé nadar.

Expressions with *tener*

Note these expressions which use *tener*. They will earn you lots of marks.

tengo quince años	I am fifteen
tengo calor	I am hot
tengo éxito	I am successful
tengo frío	I am cold
tengo hambre	I am hungry
tengo miedo	I am frightened
tengo prisa	I am in a hurry
tengo que ir	I have to go
tengo razón	I am right
tengo sed	I am thirsty
tengo suerte	I am lucky

Give the Spanish for the following:

1 I am hot.
2 I am cold.
3 I am hungry.
4 I am thirsty.
5 He is right.
6 She has to go.
7 We are lucky.
8 They are frightened.

1 Tengo calor.   2 Tengo frío.   3 Tengo hambre.   4 Tengo sed.   5 Tiene razón.   6 Tiene que ir.
7 Tenemos suerte.   8 Tienen miedo.

Sample GCSE questions

Speaking

Role-play 1

You and a friend are on holiday in Spain. Your friend becomes so ill that you have to curtail your holiday and fly home earlier than you planned. You go to a travel agent. The examiner will play the part of the travel agent and will start the conversation.

- el cambio ¿por qué?
- cuándo queréis volver
- transporte al aeropuerto

> AGENCIA DE VIAJES SEU
> vuelos – seguros – viajes a todo el mundo
> Abierto: 10 a 13, 17 a 20

Seguros is insurance.

Examiner's role and suggested answers

Examiner	*¿Sí, señor?*
Candidate	*Mi amigo está muy enfermo. Nuestro vuelo de regreso es para el día doce. Queremos volver antes, por favor.*
Examiner	*¿Cuándo quieren volver?*
Candidate	*Lo antes posible.*
Examiner	*¿A qué aeropuerto quieren volver?*
Candidate	*A Heathrow.*
Examiner	*¿Cómo se escriben su nombre y apellido, por favor?*
Candidate	*J-o-h-n B-r-o-w-n.*
Examiner	*Hay un vuelo a las dos. ¿Cómo van Vds. al aeropuerto?*
Candidate	*Vamos a tomar un taxi.*

This means as soon as possible.

Be sure to learn the alphabet in Spanish.

Writing

GCSE survival kit

Memorise and use this list of preterites.

bebí	I drank	*fui*	I went
comí	I ate	*llegué*	I arrived
compré	I bought	*perdí*	I lost
decidí (+ inf.)	I decided to	*tomé*	I took
di un paseo	I went for a walk	*vi*	I saw
empecé a (+ inf.)	I started to	*viajé*	I travelled
encontré	I found	*visité*	I visited
encontré a	I met	*volví*	I returned
entré en	I went in		

Try and introduce an imperfect tense into your work. If you find this difficult, just mention the weather or what you were wearing.

Hacía buen tiempo.
It was nice weather.
Hacía sol.
It was sunny.
Llovía a cantaros y estábamos mojados hasta los huesos.
It was pouring and we were soaked to the skin.
Llevaba mi jersey nuevo.
I was wearing my new jersey.

Sample GCSE questions

Build up a collection of mark-winning phrases:

al + inf.	on -ing
al llegar	on arriving
antes de + inf.	before -ing
antes de comer	before eating
después de + inf.	after -ing
después de comer	after eating
para + inf.	in order to
para reservar un billete	in order to book a ticket
sin perder un momento	without wasting a moment
¡Qué día!	What a day!
¡Qué barbaridad!	How awful!
desgraciadamente	unfortunately
afortunadamente	fortunately
luego	then
al día siguiente	the next day
como estaba cansado/a	as I was tired
con mucho cuidado	with great care
dos minutos más tarde	two minutes later

Use some of these words in every piece of Spanish writing that you do.

1

Look at this question and the suggested answer on the next page and see how some of the words in the survival kit have been used. They are underlined.

Acabas de volver de un curso de verano en España. Escribe un artículo de unas 150 palabras sobre:

- dónde estudiaste;
- por qué escogiste este complejo educativo;
- el alojamiento y las instalaciones del complejo; ←
- las asignaturas estudiadas y otras actividades;
- tus compañeros de clase y los profesores;
- si recomendarías el curso a otros estudiantes y por qué.

Instalaciones means facilities.

125

Sample GCSE questions

Este folleto te ayudará.

> *Complejo Educativo*
> *Residencial Alhama*
> Tel. 958/234554
> Fax. 958/234561
>
> En el complejo puedes:
>
>
>
> mejorar tu nivel informática, idiomas y otras asignaturas
>
>
>
> practicar tus aficiones y deportes favoritos
>
>
>
> probar la cocina española y ¡descansar!
>
> **[20]**
> Edexcel 1999

You can use these words in your answers but you won't get any marks for them!

Model answer

Acabo de volver de un curso de verano en España. ¡Qué barbaridad! Viajé en avión y estudié en un complejo educativo. Lo escogí porque quiero mejorar mi español. Llegué el martes y me marché cuatro días más tarde porque desgraciadamente el alojamiento era primitivo y las instalaciones eran pobres. ¿La comida? No comí la comida y no bebí el café. El primer día del curso, ¡qué día! Encontré a mis compañeros de clase y los profesores. Los estudiantes eran antipáticos y los profesores eran viejos. Afortunadamente había un pueblo cerca y di un paseo al pueblo para comprar regalos. Compré artículos de cuero para mi familia. Al volver al curso llovía a cántaros y estaba mojado hasta los huesos. Al día siguiente fui a las clases pero no aprendí nada. Después de pasar cuatro días decidí que el curso no era recomendable y volví a Inglaterra.

Exam practice questions

Listening

1 **TRACK 39** **El médico**

Estás enfermo/a y vas al médico. ¿Cuáles son las causas de tu enfermedad? Pon una ✗ en las dos casillas correctas.

(a)  ☐

(b)  ☑

(c)  ☐

(d)  ☑

[2]

Exam practice questions

2 TRACK **40**

Isabel y Antonio hablan sobre el tabaco. Pon una **✗** en la casilla correcta.

		verdadero	falso
1.	Antonio no fuma por el olor.	☒	☐
2.	La novia de Antonio fuma tabaco.	☐	☒
3.	Isabel empezó a fumar cuando tenía quince años.	☒	☐
4.	Isabel empezó a fumar porque sus amigos eran fumadores.	☒	☐
5.	Isabel fuma muy poco.	☐	☒
6.	Isabel ya no quiere fumar más.	☐	☒
7.	Los padres de Isabel son fumadores.	☒	☐
8.	Los padres de Isabel no quieren que ella fume.	☐	☒
9.	Isabel fuma en casa.	☐	☒
10.	Isabel gana dinero trabajando.	☒	☐
11.	Isabel bebe vino de vez en cuando.	☐	☒

[11]

3 TRACK **41**

Escucha lo que dice la radio sobre una tenista famosa. Luego completa los detalles.

Laura Gabarda ha vuelto de los Estados **1** ...Unidos... y va a hacer una gira en España

en el mes de **2** ...junio.. Laura va a jugar **3** ...6... veces y las entradas cuestan

4 ...diez mil... . Para comprarlas hay que tener una **5** ...tarjeta... de crédito.   **[5]**

4 TRACK **42**   **Un señor**

¿Qué tipo de persona es este señor? Pon una **✗** en la casilla correcta.

1.	Su vida social le es muy importante.	☐
2.	Quiere mantenerse en buena condición física.	☒
3.	Su trabajo es la cosa más importante de su vida.	☐

[1]

Exam practice questions

Reading

1 Subraya la palabra más adecuada.

Ejemplo   El restaurante se llama *Wendy / Burger King / <u>McDonald's</u>*.

1.   Ofrece *un grupo / un par / una variedad* de productos.

2.   Te *enseña / ayuda / obliga* a comer bien.

3.   *Dice / Come / Reconoce* lo que te gusta.

4.   La comida *falta / tiene / necesita* nutrientes.

McDonald's ofrece un surtido de productos que contribuye a mantener una dieta equilibrada. Pero, además, presta una especial atención a la calidad de todos los productos que ofrece en sus restaurantes.

McDonald's: sabemos lo que te gusta

[4]

Edexcel 1999

2

En el gimnasio, en la piscina o simplemente paseando, con Reebok te pondrás en forma, porque ha diseñado un modelo para cada deporte. Disfruta del tiempo libre con los amigos, olvídate de los problemas cotidianos y relájate. Reírse y sonreír son los deportes más sanos.

Exam practice questions

Pon una **✗** en las cuatro casillas adecuadas.

Reebok . . .	
Ejemplo es el nombre.	✗
1 hace que te lo pases bien.	
2 se usa sólo cuando hace sol.	
3 es para el uso durante el ocio.	
4 te ayuda a evitar el estrés.	
5 te quita preocupaciones diarias.	
6 te hace infeliz.	
7 te anima a reírte de tus amigos.	
8 te hace llorar.	

[4]

Edexcel 1999

3 Lee esta carta.

> ¡Hola, Lucy!
>
> ¿Cómo estás? Mira, ¿por qué no vienes a España a vernos en verano? Acabo de mencionarlo a mis padres y dijeron que sí en seguida. Creo que lo pasaremos muy, muy bien. Tengo muchos CDs nuevos que podemos escuchar. Vivo bastante lejos de la playa pero iremos todos los días en autocar. También mi hermana Juana se ha marchado a Alemania pero ha dicho que puedes usar su bicicleta. Será muy útil. Y si quieres mejorar tu español, todos mis compañeros querrán charlar contigo. Mis abuelos también quieren verte. Y hay un lago detrás de su casa. Mi abuelo nos enseñará a coger truchas.
>
> Escribe pronto,
>
> Ana

Exam practice questions

Empareja las frases.

Ejemplo Ana quiere saber si . . .   *(b)*

1	Ana dice que sus padres . . .	(a)	se divertirán mucho.
2	Ana piensa que las dos . . .	(b)	Lucy quiere visitarla.
3	Lucy podrá escuchar . . .	(c)	están de acuerdo.
4	La casa de Ana . . .	(d)	su bicicleta.
5	Durante la visita de Lucy, Juana . . .	(e)	música nueva.
6	Luana le ha prestado a Lucy . . .	(f)	hablando con los amigos de Ana.
7	Lucy puede aprender más español . . .	(g)	está lejos de la costa.
8	Al visitar a los abuelos, aprenderán . . .	(h)	a pescar.
		(i)	no estará.

[8]

OCR 2000

4 Lee este artículo sobre una cantante italiana y contesta las preguntas en español.

Mónica Dicaprio – corazón de oro

Entre conciertos, a Mónica le gusta relajarse en compañía de sus amigos: ella es una chica como los demás. Se viste simplemente. Siempre había llevado una espectacular cola de caballo pero estos últimos días se ha decidido por el pelo más corto que le da un aire mucho más joven.

Mónica trabaja como una loca. No ha parado desde que en mayo inició su serie de conciertos. Tuvo que suspender algunos de ellos a causa de una depresión, provocada por el estrés.

Su madre Rosa vivía en la pobreza en Cosenza, pequeño pueblo de Italia. Emigró a los Estados Unidos cuando estaba embarazada de Mónica. Sin embargo Mónica siempre se ha sentido muy orgullosa de ser italiana. Cuando quisieron cambiarle el nombre de Dicaprio a Perry, se negó.

Mónica es una persona de mucha compasión. Un ejemplo reciente es la visita que hizo a un gimnasta chino, Sang Lang, que se rompió el cuello realizando un ejercicio. Le han dicho que no volverá a caminar nunca más. Durante su estancia en el hospital, Sang ha tenido la foto de Mónica en la cabecera de su cama. Ella estuvo una hora con el joven y al salir, una multitud de periodistas le preguntó a Mónica cómo había ido la visita. 'Ha sido una visita privada. Eso es todo lo que tengo que decir' dijo la cantante.

Exam practice questions

Ejemplo **¿Qué tipo de persona es Mónica, según el titular?**

Es una persona generosa.

1. ¿Qué tipo de ropa lleva Mónica?
2. ¿Qué aspecto de su apariencia se ha cambiado recientemente?
3. ¿Qué interrumpió sus conciertos?
4. ¿Qué sabemos de la vida de Rosa en Cosenza antes de ir a los Estados Unidos?
5. ¿En qué país nació Mónica?
6. ¿Qué opina Mónica de su origen italiano?
7. ¿Qué herida tiene Sang Lang?
8. ¿Qué sabemos del futuro de Sang Lang?
9. ¿Cómo sabemos que Sang Lang admira a Mónica?
10. ¿De cuántos detalles de la conversación entre Mónica y Sang se enteraron los periodistas?

[10]

OCR 2000

5 You are reading the Problem Page in a Spanish magazine. Answer in English.

¿Mi marido tendrá celos de mi triunfo?

Soy banquera y me han ofrecido un puesto de trabajo en el que voy a ganar más que mi marido. He leído que esto crea dificultades en la relación de pareja, lo que me hace tener dudas sobre si aceptar o no el trabajo que me ofrecen. Por favor, ayúdame en este conflicto.

María Dolores, Bilbao

Es cierto que algunos hombres se sienten inseguros cuando la mujer gana más dinero que ellos. Pero esto no es motivo para que la mujer renuncie a tal oportunidad profesional. Mi consejo es que deberías aceptar. Lo más normal es que el marido se sienta orgulloso, pero si no, es problema de él y lo tiene que resolver él mismo.

Rosa Arija, psicóloga

Exam practice questions

Example   What is María Dolores' job?

She works in a bank.

1. What do we learn about María's new job offer?

2. According to the headline, how might her husband react?

3. What advice does Rosa give?

4. According to Rosa, how should María's husband feel?

5. What is Rosa's attitude to María's problem? Tick (✔) one box only.

   (a)   María should not risk upsetting her husband. ☐

   (b)   María should be proud of her husband. ☐

   (c)   María should risk upsetting her husband. ☐

[5]
OCR 1999

Writing

1 Estás en el hospital. Escribe una postal en español de 40 palabras (como máximo). Incluye la información siguiente:

- dónde estás y por qué

- ¿qué tal son?

- y ¿la comida?

- cómo pasas el tiempo

- cuándo vuelves a casa

OCR 1998

2 Estás en España y ves un accidente. Describe:

- cómo ocurrió el accidente;
- el tiempo;
- lo que hiciste para ayudar;
- el herido;
- los servicios de urgencia.

El mundo

(The world at large)

The following topics are included in this chapter.

● *Special occasions and the environment*
● *Grammar*

7.1 Special occasions and the environment

LEARNING SUMMARY

After studying this section and the following exercises, you should be able to:

● *talk about your area, saying where you live and why you like/dislike it*
● *cope with a variety of role-plays*
● *understand information about towns/cities/regions of a Spanish-speaking country*
● *write about your area using impressive vocabulary*

Grandes ocasiones (Special occasions)

AQA A   AQA B
EDEXCEL
OCR
WJEC
NICCEA

You need to study the vocabulary and know the Spanish for special occasions like Christmas and Easter. These may appear in your reading and listening tests. You might like to use a special occasion for writing coursework or your presentation. The environment will be examined in all skills: in your conversation test you may be asked to describe your town or region. Study the conversations in this chapter. You may well be asked about your local area, animals and weather. Weather particularly is examined in the listening and reading tests.

Useful expressions

¡bienvenido! – welcome!

¡qué asco! – how disgusting!

¡qué bien! – how good!

¡qué horror! – how terrible!

¡qué lástima! – what a pity!

¡qué pena! – what a pity!

¡socorro! – help!

¡suerte! – good luck!

¡vale! – OK!

de acuerdo – agreed

de nada – don't mention it

desde luego – of course

¡enhorabuena! – congratulations!

lo siento – I'm sorry

me da igual – I don't mind

mucha suerte – good luck

mucho gusto – pleased to meet you

vale la pena – it's worth while

Special occasions

¡feliz santo! – happy saint's day!	**el día de Navidad** – Christmas Day	**la fiesta** – holiday
el Año Nuevo – New Year	**felices pascuas** – Happy Easter/Christmas	**la luna de miel** – honeymoon
la boda – wedding		**la Nochebuena** – Christmas Eve
el cumpleaños – birthday	**feliz año nuevo** – Happy New Year	**la Nochevieja** – New Year's Eve
el día de fiesta – holiday	**feliz cumpleaños** – Happy Birthday	**las Pascuas** – Easter/Christmas
el día de mi santo – Saint's Day	**feliz navidad** – Happy Christmas	**la Semana Santa** – Holy Week

El mundo (The world around us)

AQA A AQA B
EDEXCEL
OCR
WJEC
NICCEA

el camino   el lago   el río

The environment

el árbol – tree	**la colina** – hill	**el país** – country
el arroyo – stream	**la estrella** – star	**el paisaje** – countryside
el bosque – wood, forest	**la granja** – farm	**el pueblo** – (small) town, village
el camino – path	**la isla** – island	**la región** – region
el/la campesino/a – peasant	**el lago** – lake	**el río** – river
el campo – countryside, field	**la luna** – moon	**el sendero** – path
la carretera – road	**el mar** – sea	**la tierra** – earth, land
el cielo – sky	**la montaña** – mountain	
la ciudad – city, (large) town	**el mundo** – world	

Animals

el animal – animal	**la gallina** – hen	**la rata** – rat
el burro – donkey	**el insecto** – insect	**el ratón** – mouse
el caballo – horse	**la oveja** – sheep	**el toro** – bull
el cerdo – pig	**el pájaro** – bird	**la vaca** – cow

Compass points

el este – east	**el norte** – north	**el sur** – south
el noreste – north-east	**el oeste** – west	**el suroeste** – south-east
el noroeste – north-west	**el sudeste** – south-east	

The weather

el buen tiempo – good weather	**la lluvia** – rain	**el relámpago** – lightning
el calor – heat	**el mal tiempo** – bad weather	**el sol** – sun
el chubasco – shower	**la neblina** – mist	**la temperatura** – temperature
el cielo – sky	**la niebla** – fog	**la tempestad** – storm
el clima – climate	**la nieve** – snow	**el tiempo** – weather
la escarcha – frost	**la nube** – cloud	**la tormenta** – storm
la estación del año – season	**la nubosidad** – cloudiness	**el trueno** – thunder
el grado – degree	**el pronóstico del tiempo** – weather forecast	**el viento** – wind
el hielo – ice		

la nube   la lluvia   la tempestad

Weather verbs

hace buen tiempo – the weather is nice	**hace mal tiempo** – the weather is bad	**hace calor** – the weather is hot
hace fresco – the weather is cool	**hace sol** – the weather is sunny	**hace frío** – the weather is cold
	hace viento – the weather is windy	

In the street

la acera – pavement	**el embotellamiento** – traffic jam	**prohibido el paso** – no entry
el banco – bench	**la esquina** – corner	**el quiosco** – kiosk
el buzón – post box	**el estanco** – tobacconist's	**el ruido** – noise
la cabina telefónica – phone box	**el letrero** – sign	**el semáforo** – traffic light
la calle – street	**el monumento** – monument	**senso único** – one-way
el carnet de identidad – ID card	**la parada de autobuses** – bus stop	**la torre** – tower
el cartel – poster	**el paso a nivel** – level crossing	**el tráfico** – traffic
la circulación – traffic	**el paso de peatones** – pedestrian crossing	
la cola – queue	**el peatón** – pedestrian	
la cruce – crossroads, junction		

In town

las afueras – outskirts	**el barrio** – district	**el plano** – town map
el alcalde – mayor	**la capital** – capital	**la plaza mayor** – main square
los alrededores – outskirts	**el centro** – centre	**la piscina** – swimming pool
el aparcamiento – car park	**la ciudad** – city	**el piso** – flat
el apartamento – flat	**el edificio** – building	**la población** – population
la avenida – avenue	**la estatua** – statue	**el pueblo** – town
el ayuntamiento – town hall	**la fuente** – fountain	**el puente** – bridge
el banco – bank	**el parque** – park	**la torre** – tower
el bar – bar	**el parque infantil** – playground	

Buildings

el albergue juvenil – youth hostel
la biblioteca – library
el bloque de pisos – block of flats
el castillo – castle
la catedral – cathedral
el centro comercial – shopping centre
el centro de deportes – sports centre

el cine – cinema
la comisaría – police station
el correos – post office
la estación de autobuses – bus station
el hospital – hospital
la iglesia – church
el museo – museum

la oficina de objetos perdidos – lost property office
la oficina de turismo – tourist office
la plaza de toros – bullring
el polideportivo – sports centre
el teatro – theatre

Conversation: Grades G–D

AQA A   AQA B
EDEXCEL
OCR
WJEC
NICCEA

> **The only verbs used here are *hay* and *se encuentra*, which is why the conversation is grade G–D.**

¿Qué sitios de interés hay cerca de tu casa?

Hay una iglesia interesante y un parque.

¿A qué distancia se encuentra tu casa de Londres/del mar?

Se encuentra a cien kilómetros de Londres/del mar.

¿Cuál es la población de tu pueblo/ciudad?

Hay ocho mil habitantes más o menos.

¿Qué hay que hacer en tu pueblo/ciudad?

Hay cines, discotecas y un club para jóvenes.

Conversation: Grades C–A*

AQA A   AQA B
EDEXCEL
OCR
WJEC
NICCEA

Describe tu pueblo/ciudad/región. ¿Te gusta?

A mí me gusta esta región. Por aquí hay mucho de interés. Hay un canal, un río, un parque bonito y muchos campos de deporte y un cine. No lejos de aquí hay fábricas pero también hay campo bonito.

¿Dónde en Gran Bretaña se encuentra tu región?

Se encuentra en el norte/ sur/este/oeste/centro de Inglaterra/Gales/Escocia/Irlanda.

¿Desde hace cuántos años vives aquí?

Vivo aquí desde hace quince años, es decir toda mi vida.

¿Cuáles son los edificios interesantes?

Hay la biblioteca, el cine, el ayuntamiento, la vieja iglesia, la piscina y el hospital. También hay muchos edificios muy antiguos.

> **Your chance to use a preterite.**

¿Naciste en esta región?

Sí, nací a cinco kilómetros de aquí.

> **Your chance to use a future tense.**

¿Dónde vivirás en el futuro?

Viviré en esta región porque me gusta.

¿Qué tiempo hace?

Hace buen tiempo.

¿Ayer qué tiempo hizo?

Hizo mal tiempo.

¿Qué tiempo hará mañana?

Hará sol todo el día

PROGRESS
CHECK

Give the Spanish for the following:
1. Happy Christmas
2. bus stop
3. police station
4. wood
5. horse
6. north
7. wind
8. It is hot.
9. It was cold.
10. It is going to rain.
11. I would like to live in the country.

1 Felices Navidades   2 la parada de autobuses   3 la comisaría   4 el bosque   5 el caballo
6 el norte   7 el viento   8 Hace calor.   9 Hacía frío.   10 Va a llover.   11 Me gustaría vivir en el
campo.

7.2 Grammar

LEARNING
SUMMARY

After studying this section, you should know about:
- **the pluperfect tense**
- **prepositions**

The pluperfect

AQA A   AQA B
EDEXCEL
OCR
WJEC
NICCEA

KEY
POINT

The pluperfect tense is recognised in English by the word 'had'. It is used for things that had happened in the past, e.g 'he had seen', 'they had gone'.

To form the pluperfect in Spanish, take the imperfect of *haber* and add the past participle.

hablar	
había hablado	I had spoken
habías hablado	you had spoken
había hablado	he, she, you had spoken
habíamos hablado	we had spoken
habíais hablado	you had spoken
habían hablado	they, you had spoken
comer	
había comido	I had eaten
habías comido	you had eaten
había comido	he, she, it had eaten; you had eaten
habíamos comido	we had eaten
habíais comido	you had eaten
habían comido	they had eaten; you had eaten

vivir	
había vivido	I had lived
habías vivido	you had lived
había vivido	he, she, you had lived
habíamos vivido	we had lived
habíais vivido	you had lived
habían vivido	they, you had lived

PROGRESS CHECK

Give the Spanish for the following:
1 He said that he had finished.
2 He said that I had gone.

1 Dijo que había terminado.   2 Dijo que yo había ido.

Prerositions

AQA A **AQA B**
EDEXCEL
OCR
WJEC
NICCEA

Here are some useful, mark-winning prepositional phrases.

Salimos **a pesar del** tiempo.	We went out in spite of the weather.
Vive **al lado de** la iglesia.	He lives beside the church.
Corrió **alrededor de** la mesa.	He ran round the table.
La ciudad está **cerca de**l mar.	The city is near the sea.
Jugó **contra** un equipo francés.	He played against a French team.
El banco está **debajo del**/**bajo** el árbol.	The bench is under the tree.
Se paró **delante de** la casa.	He stopped in front of the house.
Se escondió **detrás de** la puerta.	He hid behind the door.
Durante el viaje, durmió.	He slept during tbe journey
Yo fui **en vez de** él.	I went instead of him.
Se encontraron **enfrente del** cine.	They met opposite the cinema.
Está **entre** los dos puntos.	It is between the two points.
Los distribuyó **entre** sus amigos.	He gave it out among his friends.
Viajó **hacia** el norte.	He travelled towards the north.
Vive **lejos de** aquí.	He lives far from here.
Todos fuimos **salvo** ella.	We all went except her.
Según el periódico, está muerto.	According to the paper, he is dead.

PROGRESS CHECK

1 in front of the house
2 behind the house
3 between the houses
4 opposite the house
5 according to the teacher

1 delante de la casa   2 detrás de la casa   3 entre las casas   4 enfrente de la casa   5 según el profesor

Sample GCSE questions

Speaking

Role-play 1

The notes and pictures below give an outline of a cycle ride in Spain. Say what happened. You do not need to mention every detail but you must cover the whole day's events.

This is the kind of role-play used by OCR.

10:00 *en bicicleta*   11:00 *en el café*   12:00 *problema*

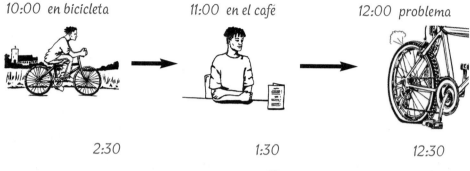

Un pinchazo is a puncture.

2:30   1:30   12:30

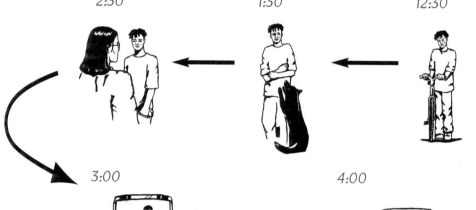

3:00   4:00

Try to invent detail.

Examiner's role and suggested answers

Examiner   *¿Qué pasó?*

Candidate   *Esta mañana, fui de paseo en bicicleta. Lo pasé bomba. Hacía sol y hacía calor. Llevaba mi jersey amarillo. Vi muchos edificios interesantes y visité una iglesia antigua. Bebí una limonada y comí un bocadillo en un café.*

Examiner   *¿Qué pasó después?*

Candidate   *Después de salir del café, decidí volver a casa. Desgraciadamente cinco minutos más tarde tuve un pinchazo. Estaba en el campo y no había nadie para ayudarme.*

Sample GCSE questions

Examiner	*¡Qué barbaridad!*
Candidate	*Empecé a andar con la bicicleta. Dos horas más tarde, estaba triste, tenía hambre y sed. Luego hubo un incidente. Un perro me atacó y tuve que huir. Más tarde encontré a un hombre muy simpático. El hombre me ayudó. Puso mi bicicleta en su coche y me llevó a casa.*
Examiner	*¡Qué bien! ¿Cómo era el hombre?*
Candidate	*Era bastante viejo, tenía los ojos azules y el pelo largo y negro. Llevaba gafas. Era muy simpático. ¡Qué día!*

> *You need to know the imperfect for descriptions.*

Role-play 2

The notes and pictures below give an outline of a few days that you spent touring in Spain with your family. You tell a Spanish friend about the tour. The examiner will play the part of the Spanish friend. You need not mention every detail and you may add extra information.

> *Again, this is an OCR-type role-play.*

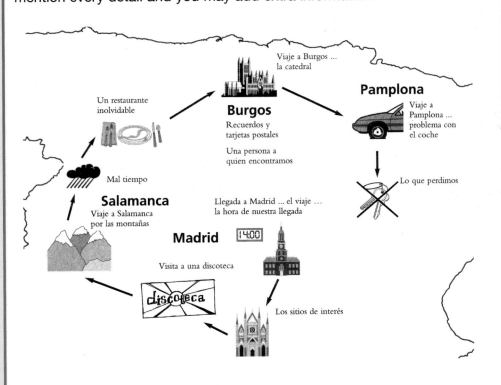

Examiner's role and suggested answers

Examiner	*¿Qué pasó?*
Candidate	*Después de viajar dos horas, llegué a Madrid en coche con mi familia a las dos de la tarde. Sin perder un momento, encontré un hotel y fui a visitar los sitios de interés. Visité la catedral y vi el palacio real. Más tarde fui a una discoteca y bailé y charlé con la gente.*

> *Knowledge of the preterite is essential here.*

Sample GCSE questions

*Al día siguiente, viajé con mi familia en coche a Sala-
manca. Fuimos por las montañas y llovía a cántaros.
¡Estábamos mojados hasta los huesos! Fuimos a un
restaurante inolvidable. Comí mariscos, una chuleta
de cerdo con patatas, queso y fruta. Bebí agua min-
eral.*

Examiner	*¿Qué pasó después?*
Candidate	*Al día siguiente, viajamos a Burgos. Visité la catedral y compré recuerdos y tarjetas postales. También compré regalos para mis amigos en Inglaterra. Encontré a mi amigo por correspondencia en Burgos. Vive allí y fuimos al cine juntos.*
Examiner	*Fuiste a Pamplona, ¿no?*
Candidate	*Sí, pero cerca de Pamplona tuvimos un problema con el coche. Tuvimos un pinchazo pero mi padre lo reparó. Pero más tarde perdió las llaves del coche. ¡Mi madre las encontró en su bolsillo! ¡Qué día!*

> Be sure you can describe a meal.

> On the following day – a very useful time description.

> You will get extra marks if you can use a direct object pronoun like this one.

Role-play 3 **TRACK 45**

Your Spanish friend has arrived in Britain and is not happy with the British weather. The examiner will play the part of your Spanish friend and will begin the conversation.

1. Contesta a la pregunta de tu amigo/a.
2. Dile por qué te gusta o no te gusta el campo cerca de tu casa.
3. Contesta la pregunta de tu amigo/a.
4. Pregunta a tu amigo/a qué le gusta de Gran Bretaña.
5. Da tu opinión de España.

Examiner's role and suggested answers

Examiner	*¿Te gusta el clima de tu país? ¿Por qué?*
Candidate	*Sí, me gusta. No me gusta el calor intenso de España.*
Examiner	*Y, ¿el campo por aquí te gusta?*
Candidate	*Me gusta muchísimo. Me gustan los ríos y las montañas.*
Examiner	*¿Conoces España?*
Candidate	*He visitado España una vez. Pero ¿cuál es tu opinión de Gran Bretaña?*
Examiner	*Me gusta todo . . . salvo el clima.*
Candidate	*A mí me encanta España . . . por la gente y la cocina.*

Exam practice questions

Listening

1   **TRACK 46**

A Spaniard is talking about Valencia. Answer these questions about the city.

la costa mes

1.   Where in Spain is Valencia?   *cost med...*

2.   Why is it an important city?   *pueno*

clima nunca llueve.

3.   Why do many English people live there?

4.   In which month are the famous festivals?   [4]

2   **TRACK 47**   **El tempo**

Quieres ir a la playa hoy lunes, mañana o pasado mañana. Escuchas el pronóstico del tiempo. ¿Qué día escoges? Pon una ✗ en la casilla correcta.

1. lunes ☐

2. martes ☒

3. miércoles ☐   [1]

Exam practice questions

Reading

1 Una costumbre española en Japón.

¡Qué rico!

Una de las comidas típicas de España son los churros. Son deliciosos con un chocolate caliente para el desayuno. Es curioso que a los japoneses les encantan las cosas españolas. Las castañuelas, los abanicos y las guitarras españolas ya están en las tiendas en Japón. Ahora algunas compañías japonesas han decidido importar máquinas españolas para fabricar churros. Pronto el chocolate con churros será un desayuno a la japonesa.

Ejemplo En España, ¿qué se come normalmente con el chocolate caliente?

  churros

1. En España, ¿cuándo se comen los churros?

2. ¿Qué cosas españolas se venden en Japón? Menciona **dos cosas**.

3. ¿Qué necesitan los japoneses para hacer los churros? **[4]**

AQA 1999

2 Lee las frases. Escribe en español la estación del año que corresponde a cada frase.

a) Durante la Semana Santa visitamos la granja de mi tío. ....

b) Mi cumpleaños es el diez de octubre. ....

c) Tenemos dos semanas de vacaciones en Navidades. ....

d) Practiqué el esquí en enero. ....

e) Hace mucho calor en el sur de España en agosto. ....

f) Me gusta tomar el sol en la playa en julio. ....

| PRIMAVERA | VERANO | OTOÑO | INVIERNO |

[6]

CCEA 1999

Exam practice questions

3 Empareja cada foto con la frase correcta.

A

C

B

D

1.	Quiero comprar unos pendientes.	☐
2.	Quiero comprar una barra.	☐
3.	No me encuentro bien.	☐
4.	Quiero dar un paseo en barco.	☐

[4]

WJEC 2000

4 Answer the following questions in English.

1. How old is Rodrigo?

2. What does he do for a living?

3. Where is his house?

4. How long has he lived there?

5. Name two of his hobbies.

6. Describe Rodrigo's bedroom (give two details).

[8]

Edexcel 1999

La casa de Rodrigo

Rodrigo López, de quince años, es cantante del famoso grupo español Mercurio. Desde hace cuatro años vive en una casa de campo con su familia. A Rodrigo le gusta más su dormitorio donde pasa la mayor parte de su tiempo libre. Sus pasatiempos favoritos incluyen la música y la televisión, también le gusta ir al cine. Su cuarto es muy grande y cómodo.

Exam practice questions

5 Lee este artículo y contesta **en español**.

Pilar Gómez – entrevista exclusiva

Pilar Gómez ha decidido vivir en España. Dice que gana mucho más dinero en España que en Francia donde vivía hasta recientemente.

Una de las estrellas más famosas del cine español, dice que su trabajo ahora le gusta muchísimo. Seguro que gana más que cuando era enfermera.

– Cuando yo era joven, quería ser tenista. Ahora las cosas han cambiado. Tengo casi todo lo que quiero pero falta una cosa: quiero ser madre. Me casé con Paco pero no quería niños. Ahora soy la esposa de Ricardo y él quiere ser padre.

– No me gustaba Francia: no me gustaba la casa en donde vivía. Soy más contenta con el piso que tengo ahora en Madrid. En Francia me gustaban mis caballos: ahora no tengo tiempo. Cuando tengo tiempo libre, me encanta salir con amigos.

		en el pasado	**ahora**
Ejemplo	país de residencia	*Francia*	*España*
1.	profesión	....	....
2.	ambición	....	....
3.	tipo de alojamiento	....	....
4.	pasatiempo favorito	....	....

[8]

OCR 1999

Exam practice questions

6 Lee la entrevista con Bono, el cantante del grupo irlandés U2, y contesta las preguntas en español.

Tiene 39 años y es famoso en todo el mundo. Pero el cantante principal del grupo irlandés U2 propone utilizar sus melodías para plantear preguntas. Después de comer un poco y vestirse de negro Bono llega para empezar la entrevista.

Para ti, ¿qué significa la música que haces?
El éxito de la música significa muy poco. Para mí, cantar es como pintar. ¿Qué es una canción? Es como un cuadro.

¿Es difícil crear un buen grupo?
Claro. Es muy difícil mantener un grupo como puedes imaginar, aunque somos buenos amigos. Nos conocemos desde la edad de 14 años.

¿Cuál es el mensaje principal de tus canciones?
Pues, cantando, podemos denunciar las injusticias del mundo. Aunque el rock no da respuestas. Plantea cuestiones.

¿Eres optimista pensando en el futuro?
Personalmente, sí. He tenido suerte.

a) ¿Qué hizo Bono antes de la entrevista?

b) Según Bono, ¿cómo se parece a un pintor?

c) Según Bono, ¿qué pasó cuando los miembros del grupo tenían catorce años?

d) Para Bono, ¿su música ofrece soluciones a los problemas del mundo o no? **[6]**

CCEA 1999

Writing

1 Tu colegio ha organizado un curso de lengua inglesa para estudiantes españoles. Escribe el texto de un folleto para los estudiantes que van a visitar. Incluye tus opinions. Menciona:

- la importancia de la lengua inglesa;
- cómo viajar a tu región;
- qué hay de interés en tu pueblo/tu ciudad;
- el alojamiento con familias inglesas;
- tu colegio;
- tus profesores;
- las posibles excursiones.

Escribe el texto en español sobre todos los temas mencionados. **[24]**

AQA 2000

Writing coursework

Planning and writing your coursework

This is what you need to know about the writing coursework.

- For GCSE Spanish, you have to do either a writing exam or writing coursework.
- Ask your teacher if you are being entered for the terminal exam or the coursework option.
- If you are doing coursework, you have to submit three pieces of work.
- If you want to get a top grade, each piece of work should be about 150–200 words.
- With some exam boards, you can choose your own title. Others list a choice of titles. Check with your teacher.

What makes a good piece of coursework?

This is what the examiners are looking for:

- variety of tenses;
- complex constructions;
- longer sentences;
- opinions;
- justification of opinions;
- impressive vocabulary;
- well-organised, imaginative and interesting reading.

You have to write a piece of coursework. How do you get started?
Follow these **five** steps.

Step 1

Choose a title. (You must talk to your teacher. You may be able to choose your own or you may have one chosen for you!)

If you are allowed to choose your own, here are some ideas:

a) a leaflet about your local area;
b) a letter of complaint to a holiday company (or hotel or the Prime Minister!);
c) job application letter;
d) your work experience;
e) a famous person;
f) an accident or incident;
g) your favourite leisure activity;

h) a trip abroad;

i) review of a film, book, TV programme, play;

j) 'I've won!' (this title allows you to use your imagination).

Step 2

Make a list in English of things you can say about your topic. **If you are going for 150–170 words, you will probably need about 15 items on your list.**

Step 3

Re-arrange and organise your list into a logical sequence.

Step 4

Find out how to say the things on your list in Spanish. **You can use any book or reference material.**

Step 5

Make sure you have these features in your work. **Use the words in the following section if they fit in with your topic.**

- Variety of tenses.
- Complex constructions.
- Longer sentences.
- Opinions.
- Justification of opinions.
- Impressive vocabulary.
- Well-organised, imaginative and interesting reading.

Some useful words for your coursework

How?

afortunadamente – fortunately

casi – almost

de golpe – suddenly

de prisa – quickly

desafortunadamente – unfortunately

desgraciadamente – unfortunately

despacio – slowly

exactamente – exactly

juntos – together

lentamente – slowly

perfectamente – perfectly

por completo – completely

rápidamente – quickly

When?

actualmente – at present
ahora – now
el año pasado – last year
anoche – last night
anteayer – the day before yesterday
antes de – before
ayer – yesterday
dentro de poco – soon
después – after
al día siguiente – on the following day
en punto – on the dot
las seis en punto – six o'clock exactly
en seguida – straight away
entonces – then
esta mañana – this morning
hace una hora – an hour ago

hoy – today
inmediatamente – straight away
el instante – instant
la hora – hour
la hora de comer – lunch time
la madrugada – very early in the morning
la medianoche – midnight
el mediodía – midday
las seis y pico – just after six o'clock
luego – then
a menudo – often
a partir de – from
pasado mañana – the day after tomorrow
por fin – finally
por la mañana – in the morning
por la noche – at night

por lo general – in general
pronto – soon
de pronto – suddenly
raramente – rarely
recientemente – recently
de repente – suddenly
siempre – always
temprano – early
todavía – still
todos los días – every day
últimamente – recently
a veces – at times
muchas veces – often
otra vez – again
pocas veces – rarely
unas veces – sometimes
la víspera – eve
ya – now, already

How much?

aproximadamente – approximately
bastante – enough, quite
completamente – completely
demasiado – too much

más – more
menos – less
mucho – a lot
poco – little

solamente – only
sólo – only
solo – alone

Where?

abajo – down, downstairs
allí – there
aquí – here
arriba – up, upstairs
atrás de – behind

cerca de – near
delante de – in front of
dentro de – inside
a la derecha – to the right
en casa – at home

enfrente de – opposite
a la izquierda – to the left
al lado de – beside
lejos de – far from
por todas partes – everywhere

Positive adjectives

agradable – pleasant
amable – pleasant
célebre – famous
cortés – polite
de buen humor – good-tempered
divertido – amusing
elegante – elegant
emocionante – exciting
encantador – delightful
espléndido – splendid
estupendo – marvellous

excelente – excellent
famoso – famous
fantástico – fantastic
fenomenal – marvellous
fuerte – strong
generoso – generous
gracioso – funny
guapo – handsome, pretty
honesto – honest
inteligente – intelligent
interesante – interesting

limpio – clean
maravilloso – marvellous
mejor – better
nuevo – new
simpático – nice
sobresaliente – outstanding
trabajador – hard working
útil – useful
valiente – brave

Negative adjectives

antipático – unpleasant

borracho – drunk

cruel – cruel

de mal humor – bad-tempered

débil – weak

desagradable – unpleasant

descortés – rude

difícil – difficult

egoísta – selfish

estúpido – stupid

feo – ugly

horrible – horrible

imposible – impossible

loco – mad

malo – bad

peor – worse

perezoso – lazy

sucio – dirty

terrible – terrible

tonto – silly

Example of a coursework task

Write a description of your work experience (target: 150–200 words).

What you could say:

- who organised the work experience, when you did it, and for how long;
- how you got there every morning and how you returned home;
- whether you liked the journey (or not) – give a reason (tiring? expensive? long?);
- where you were working (in an office? out of doors? in a factory?);
- what you had to do at work (answer the phone? help someone? write letters? make tea? help in the office? look after children? look after sick people?);
- whether you liked the work (or not) – give reasons;
- what you were paid (or not paid);
- what you will do with the money;
- what the people you worked with were like (the boss?);
- what you had for lunch, where you ate;
- what you did in the evenings after work;
- how you felt when you returned to school;
- whether you would like (or not) to do a similar job in the future – give reasons;
- what your brother/sister/friend will do on his/her work experience – give an opinion.

There are more than enough ideas here. You would select your own.

Try to write your ideas in Spanish. Use any books you can find, and these lists, to make your work interesting for the examiner.

Time expressions

en febrero – in February

hace dos meses – two months ago

por la mañana – in the mornings

por la tarde – in the evenings

todos los días – every day

todo el día – all day

de vez en cuando – from time to time

después – after, next

al llegar – when I arrived

al volver a casa – when I got home

en el futuro – in the future

People

el/la patrón (-ona) – boss
los obreros – workers
el/la secretario/a – secretary

el/la cliente – customer
los/las colegas – workmates
el/la profesor/a – teacher

los niños – children
los enfermos – sick people

Verbs

estaba – I was (e.g. tired)
organizar – to organise
viajar – to travel
volver a casa – to return home
me gustaba – I used to like, I liked
no me gustaba – I didn't like
me encantaba – I loved
odiaba – I hated
trabajaba – I was working

tenía que – I had to
contestar al teléfono – to answer the phone
ayudar – to help
escribir cartas – to write letters
hacer el té – to make the tea
hice – I did, I made
cuidar – to look after
recibí x libras – I got x pounds

no recibí – I didn't get
iré – I will go
compraré – I will buy
era/estaba – he/she was
comía – I ate, I used to eat
bebía – I drank, I used to drink
dormía – I slept, I used to sleep

Useful words

cansador – tiring
caro – expensive
largo – long
la experiencia del trabajo – work experience

tal trabajo – a similar job
porque – because
¡qué trabajo! – what a job!
aburrido – boring

me gustaba muchísimo – I really liked it
demasiado – too
amable – nice
ruidoso – noisy

Places

la oficina – office
al aire libre – out of doors

la fábrica – factory

la cantina – dining area

Sample piece of coursework

Mi experiencia de trabajo

1	**mark-winning time phrases**
2	**correct use of perfect tense**
3	**correct use of pluperfect tense**
4	**correct use of imperfect tense**
5	**impressive vocabulary**
6	**good use of adverbs**
7	**good use of pronoun**
8	**long sentence extended by *porque***
9	**correct use of future tense**
10	**correct use of conditional**
11	**use of imagination**
12	**justified opinion**

Hace dos meses[1], en febrero, trabajé[2] en un hotel que se encontraba[4] bastante lejos de mi casa. Uno de mis profesores habían organizado[3] el trabajo y duró[2] una semana. Todos[1] los días tomaba[4] un autobús a las seis de la mañana. Volvía[4] a casa a las seis de la tarde. ¡Treinta minutos en el autobús! El viaje no me gustaba[4] nada porque era[4] cansador[5]. Además[6] era caro. En el hotel tenía que[5] trabajar en la recepción. Todo el tiempo[1] mis colegas querían[4] té y ¡yo tenía que hacerlo! También tenía que escribir cartas, arreglar[5] las habitaciones y servir bebidas en el bar. Sobre todo[6] me gustaba el trabajo en el bar porque[12] muchos clientes bebían demasiado y me divertía[8] mucho verlos así. Sin embargo[5] me daban propinas. Un cliente me[7] dio[2] veinte libras y con el dinero compraré[9] ropa y regalos. En el futuro no quiero trabajar en un hotel porque el trabajo es demasiado difícil. Me gustaría[10] trabajar en un banco en el extranjero porque[8] el trabajo sería más fácil, el clima es mejor ¡y además creo que será fácil robar dinero al banco[11]! ¡Así sería millonario!

Now your turn!

Why not write a piece of coursework about your work experience? Do not just copy this one! Make up your own ideas but use some of the techniques shown above.

Exam practice answers

CHAPTER 1

Listening 1

1 Carlos   2 Rafael   3 Luis   4 Jaime   5 Enrique
6 José

Listening 2

nombre	asignatura preferida	deporte favorito	transporte al colegio
Juan	arte	fútbol	bicicleta
Elena	inglés	baloncesto	coche
Sofía	alemán	ciclismo	autobús
Enrique	química	hockey	andando

Listening 3

1 c   2 b   3 a   4 c   5 a   6 b

Listening 4

1 inglés   2 química   3 recreo   4 biología   5 deporte

Listening 5

1 Enrique   2 Pedro   3 Pedro   4 Enrique   5 Pilar   6 Enrique

Listening 6

1 a   2 b   3 c

Reading 1

1 Laura cumple los 18.   2 c   3 b   4 b   5 a   6 a   7 d

Reading 2

1 religioso   2 valiente   3 sociable   4 deportista

Reading 3

1 quincena   2 París   3 estupendo   4 gente   5 cocina
6 ganas   7 bien   8 avería

Reading 4

1 (c) (d) (e)   2 (a)   3 (d)   4 (a)   5 (d)

Writing 1

Mis amigos españoles,

Esperamos vuestra visita con mucha ilusión. Estamos muy
orgullosos de nuestro colegio y tendréis que visitarlo y asistir a las
clases. Tenemos laboratorios, una piscina, terrenos de deporte,
canchas de tenis y muchos otros aspectos interesantes.

Durante vuestra visita, vamos a salir por la tarde a las discotecas
por aquí. También hay clubes para jóvenes y un cine con doce
pantallas y un teatro. Los jóvenes de aquí esperan vuestra visita
con mucha impaciencia. El año pasado recibimos a un grupo
español y lo pasaron bomba.

Estaréis alojados con familias ingleses durante vuestra visita. Es la
mejor manera de aprender inglés y nadie tendrá que compartir
una habitación.

Cerca de aquí hay unas montañas interesantes y vamos a
organizar una excursión para que podáis verlas. También Londres
no está tan lejos y podremos ir a visitar los monumentos e ir al
teatro.

La mejor manera de viajar aquí es en avión. Se puede tomar un
tren y el barco y luego otro tren pero es tan cansador. Nosotros
iremos al aeropuerto a recibiros.

Hasta muy pronto.

Jane, John, etc.

Writing 2

Cuando estuve en España, gané un concurso de tenis y el premio
era una tarde con Anita Suárez. No podía creerlo! Para
prepararme para la tarde con Anita, fui a las tiendas y compré
mucha ropa nueva. Fui a la peluquería y también le compré
flores. Nos encontramos en El Tulipán, restaurante muy famoso
en Madrid. No tuve que pagar nada. Anita era muy simpática y
estaba con su novio. Ninguno de los dos habla inglés así que
tuve que hablar en español toda la tarde. La cena era riquísima.
Comí sopa de verduras, filete de pescado con patatas y huevo y
después comí un helado enorme.

Anita llevaba una falda gris de seda y una blusa blanca. Era muy
guapa. Llevaba gafas de sol todo el tiempo. Hablaba de sus
planes para el futuro: va a casarse y quizás irá a los Estados
Unidos a jugar allí.

Después de cenar, Anita me dio dos entradas para un gran
campeonato de tenis así que podré ver a Anita en Londres el mes
que viene. ¡Qué suerte!

CHAPTER 2

Listening 1

1 ice-skating   2 All the clubs are run by professionals.
3 Because the Peruvian Olympic team trained there.
4 basketball   5 a gold medal

Listening 2

1 c   2 b   3 b, c, f

Listening 3

Película	Le gustan mucho	Le gustan un poco	No le gustan nada
películas de miedo	Carla		Fernando
películas del oeste	Fernando	Carla	
películas de amor		Carla	Fernando
películas de aventura	Fernando	Carla	

Listening 4

1 falso   2 falso   3 verdadero   4 verdadero   5 verdadero
6 verdadero   7 falso   8 falso   9 verdadero   10 verdadero

Reading 1

1 a principios de los años setenta   2 utilizan un lenguaje
particular; llevan ropa informal

Reading 2

1 M   2 M   3 ?

Reading 3

3

Reading 4

1. La movida fue un cambio en diversos aspectos de la cultura
   contemporánea.

2. Los jóvenes y también gente de todas edades.

3. Porque hace películas y es muy famoso.

4. a

Writing 1

Londres, 12 de marzo

Querida María

Gracias por la carta que me mandaste. Estoy muy decepcionada. ¿Por qué no vienes aquí para aprender inglés? Yo creo que tus planes son una pérdida de dinero. Hay cursos similares en Inglaterra y probablemente son mejores. ¿Por qué no vienes a quedarte conmigo y con mi familia? Es la mejor manera de aprender inglés. Si vienes, iremos a conciertos y visitaremos los sitios interesantes de Londres. Hay otra razón: Peter, el chico a quien conociste el año pasado, quiere verte.

Un abrazo

Margaret

Writing 2

Londres, 18 de junio

Estimado Señor:

Acabo de pasar una semana en su hotel en la habitación número trece. Llegué el dos de junio y me marché el nueve de junio. Dejé algo de valor en mi habitación. Era un reloj de oro que me regaló mi padre. ¿Puede Vd. buscarlo? Si lo encuentra, haga el favor de mandarlo a mi dirección. Le mandaré el dinero.

Además, acabo de descubrir que mi traje nuevo ha sido estropeado. No me lo puse nunca durante mi estancia así que los daños ocurrieron en mi habitación. Quiero que Vd. haga algo para solucionar el problema.

Le saluda atentamente

D. Ferguson

CHAPTER 3

Listening 1

1 b 2 a 3 c 4 a 5 b 6 c 7 d 8 b 9 a 10 a

Listening 2

1 b 2 c 3 a 4 c 5 c 6 a

Reading 1

A 1 c 2 g 3 i 4 e 5 f 6 h 7 d

B 1, 2

Writing 1

Uttoxeter, 9 de junio

Querido Pablo:

¿Cómo estás? Volví a Inglaterra sin incidente pero aquí hace muy mal tiempo.

Estoy escribiendo para darte las gracias por todo lo que hiciste por mi. El primer desastre ocurrió cuando perdí mi dinero en la playa. Afortunadamente me prestaste dinero. Luego estuve enfermo y no podía hacer nada. Llamaste al médico. Luego hubo un retraso con el vuelo de regreso y me dejaste quedarme una noche más.

Aparte de eso, mis vacaciones en España eran magníficas.

Te doy las gracias sinceramente por todo. Espero que te guste el regalo que mando como agradecimiento.

El año que viene volveré a España.

Un abrazo

Andrew

Writing 2

Mi novio y yo estábamos pasando las vacaciones a orillas del mar y un día decidimos comer un helado porque hacía buen tiempo. Nos sentamos en un muro al lado del puerto. Detrás de nosotros un pescador pescaba con una caña de pescar. Al terminar los helados decidimos volver al hotel y nos marchamos en bicicleta. Desafortunadamente nos habíamos dejado una bolsa en el muro y había una cámera fotográfica dentro. No notamos lo que habíamos hecho hasta llegar a nuestro hotel.

Afortunadamente el pescador había visto lo que había pasado y vino a nuestro hotel con la bolsa. Creo que los españoles son muy simpáticos y daré un regalo al pescador.

Writing 3

Bedford, 12 de mayo

Querida Marta:

¿Cómo estás? Espero que todo vaya bien. El viaje de regreso fue muy interesante. Al salir de tu casa, tomé un taxi. Cuando estuve a cinco kilómetros del aeropuerto el taxi tuvo un pinchazo pero afortunadamente el taxista lo reparó en cinco minutos.

Después de llegar al aeropuerto fui a la oficina de Iberia y me dijeron que había un retraso de cinco horas porque había niebla en el aeropuerto de Londres. ¡Cinco horas! ¡Qué barbaridad!

Afortunadamente tenía una novela conmigo y me senté en un banco. Escuché música en mi estéreo personal y comí mis bocadillos. Un español vino a hablar conmigo y luego me invitó a tomar algo con él. Fui al café con él y bebí una limonada. Hablamos en español todo el tiempo y aprendí mucho. Finalmente Iberia dijo que el vuelo iba a salir y dije adiós tristemente a mi nuevo amigo y fui a bordo. El vuelo transcurrió sin incidente y la comida durante el vuelo fue excelente. Al llegar a Belfast, estaba lloviendo a cántaros como siempre. Me sentía bastante cansada y tenía hambre. Mis padres estaban allí y no fui directamente a casa. Fuimos a comer una hamburguesa antes de volver a casa. ¿Podrás venir a verme el año que viene?

Un abrazo

Lizzie

Writing 4

Descripción de mi casa

Nuestra casa es bastante grande y tiene dos pisos y un total de ocho habitaciones. En la planta baja hay una cocina, un comedor y una sala de estar. En el primer piso hay cuatro dormitorios y un cuarto de baño.

Los muebles en la casa son todos nuevos. En los dormitorios hay una cama individual en cada dormitono salvo en un dormitono donde hay una cama doble. En la cocina hay una nevera, un lavaplatos y una lavadora.

Hay un pequeño jardín y hay muchas tiendas en la localidad. Hay también un cine y un teatro muy cerca. Se puede tomar un autobús de enfrente de la casa al centro de la ciudad. El año pasado unos españoles alquilaron la casa y dijeron que estaban satisfechos. Usted también podrá alquilar la casa el año que viene si quiere.

Writing 5

Preston, 5 de mayo

Muy señor mío:

Le escribo porque quiero pasar unos días en su albergue durante el verano. He visitado España muchas veces pero me hospedé en hoteles y campings solamente.

Llegaré el dos de junio y me marcharé el nueve de junio. Quiero pasar tiempo en España porque estoy aprendiendo español y tengo amigos en la ciudad. Me encanta España.

¿Puede Vd. mandarme detalles sobre el albergue y los sitios de interés en la región?

¿Puede decirme cómo puedo encontrar el albergue? ¿Está en el centro de la ciudad?

Le saluda atentamente

J. Harris

CHAPTER 4

Listening 1

1 b 2 f 3 d 4 a

Listening 2

1. Si necesitan una mesa para dos.

2. En el rincón, lejos de la ventana abierta.

3. El menú del día.

4. La tortilla.

5. Jamón.

6. Ensalada.

7. Nada

8. Vino tinto.

Listening 3

1 e, a   2 f, d   3 d, b   4 a, e   5 c, c

Listening 4

1 b   2 d   3 a   4 c

Listening 5

1 legumbres   2 baratos   3 niños   4 superior   5 muebles
6 gratuito

Reading 1

1. a C   b A   c D   d B

2 a 34 24 40   b 31 25 00   c 77 40 40   d 32 20 00
e 81 21 20

3. libros, sellos, tabaco, cigarillos, cerillas, etc.

Reading 2

1. Un parque acuático.

2. Antigua.

3. Hay atracciones con y sin agua.

4. Porque hace calor durante la noche.

5. Las discotecas y las salas de baile.

Reading 3

1 aprovecharse; sol   2 comes   3 grasienta   4 pescado
5 bolsa   6 firmes   7 guardas

Reading 4

1. a V   b M   c M

2. a 400 ptas   b 250 ptas   c 300 ptas

3. a A   b D   c E

4. a i C   ii E   iii F   iv B

b i fue a la playa; tomó el sol.   ii bailó.   iii jugó.

Reading 5

1 Cuatro años.   2 Es el mejor de Madrid.   3 Porque es mucho
más emocionante.   4 Carlos   5 No hay mucha publicidad.

Writing Task

Carlisle, 20 de mayo

Muy señor mío:

Quiero reservar una habitación el treinta de mayo hasta el cinco
de junio. Seremos dos, mi hermana y yo. Quisiera una habitacion
con dos camas individuales y un cuarto de baño. ¿Puede decirme
cuánto cuesta? También me gustaría una habitación con vistas al
mar en el primer piso. El año pasado fuimos a España y me
gustaba mucho. Visitamos el norte.

¿A qué distancia está el Parador del centro de Toledo? Vamos a
llegar allí en coche. ¿Hay parking? Queremos visitar Madrid.
Iremos también a Granada. ¿Vale la pena? ¿Tiene Vd.
información sobre Madrid y Granada?

Le saluda atentamente

Ana White

CHAPTER 5

Listening 1

Edad: 18 años   Fecha de nacimiento: 13 de junio   Año: 1978
Profesión del padre: médico   Profesión de la madre: profesora

Listening 2

1 biología   2 ser médico   3 patinar
4 francés   5 ser profesora de francés   6 lectura

Listening 3

No tienes que pagar impuestos, y el alojamiento es gratis.

Reading 1

1 Cook/Kitchen assistant   2 Summer   3 Professionals with
minimum three years' experience

Reading 2

A 4   B 3   C 1   D 5   E 2

Reading 3

(a) C   (b) B   (c) B   (d) C   (e) C

Writing 1

Suggested answers

1 Voy al colegio a pie.   2 Estudio inglés, español, matemáticas,
física, química, historia y geografía.   3 Los profesores son
simpáticos (salvo uno).   4 Como bocadillos de queso.   5
Vuelvo a casa a las cuatro.

Writing 2

Londres, 8 de mayo

¡Hola, Felipe!

Gracias por tu tarjeta. Mis exámenes van muy bien salvo historia.
Fue un desastre. En septiembre voy a volver a este instituto para
estudiar lenguas e inglés. El sábado fui al cine con mi novia. Lo
pasamos bien y la película *Monster* me gustó mucho porque era
muy divertida. En mis ratos libres escucho música, toco el piano
y juego con mis vidoejuegos. La música que me gusta más es
Heavy Metal. ¿Y tu concierto? ¿Con quién vas y qué grupo vas a
ver?

Saludos

Paul

CHAPTER 6

Listening 1

b, d

Listening 2

1 verdadero   2 falso   3 verdadero   4 veradadero
5 falso   6 falso   7 verdadero   8 falso   9 falso
10 verdadero   11 falso

Listening 3

1 Unidos   2 junio   3 seis   4 10000 ptas   5 tarjeta

Listening 4

2

Reading 1

1 una variedad   2 ayuda   3 Reconoce   4 tiene

Reading 2

1, 3, 4, 5

Reading 3

1 c   2 a   3 e   4 g   5 i   6 d   7 f   8 h

Reading 4

1 Lleva ropa simple.   2 Ha cambiado su pelo.   3 Una depresión.   4 Vivía en pobreza.   5 En los Estados Unidos.   6 Es orgullosa.   7 Se ha roto el cuello.   8 No volverá a caminar.   9 Tiene su foto en la cabecera de la cama.   10 Ninguno.

Reading 5

1. She will earn more than her husband.
2. He might be jealous.
3. To take the job.
4. He should feel proud.
5. c

Writing 1

Estoy en el hospital porque estoy enfermo. Los médicos y las enfermeras son muy simpáticos. La comida es fantástica y gratis. Paso el tiempo leyendo y escribiendo cartas. Vuelvo a casa mañana.

Writing 2

Ayer, volvía de la casa de mi amiga en el centro de la ciudad cuando vi un accidente. Hacía muy mal tiempo. Llovía a chorros y hacía frío. Una bicicleta se acercaba a un cruce y un camión chocó con la bicicleta. El ciclista se cayó y el camión paró. Sin perder un momento fui al ciclista. Tenía el brazo roto pero podía hablar. Había sangre en todas partes. Vi una cabina telefónica y llamé a los ambulancieros. Afortunadamente llegaron cinco minutos más tarde y llevaron al herido al hospital. Luego un policía me hizo muchas preguntas sobre el accidente y tuve que ir a la comisaría para escribir lo que había visto. Esta mañana el ciclista me llamó para dar las gracias por lo que había hecho.

CHAPTER 7

Listening 1

1 On the Mediterranean coast.   2 Because it has a port   3 Because of the climate.   4 February.

Listening 2

2 martes

Reading 1

1 Para el desayuno.   2 two of: castañuelos, abanicos, guitarras   3 Máquinas españolas.

Reading 2

a) primavera   b) otoño   c) invierno   d) invierno   e) verano   f) verano

Reading 3

1 C   2 A   3 D   4 B

Reading 4

1 fifteen   2 singer   3 in the countryside   4 four years   5 two of: music, TV, cinema   6 large and comfortable

Reading 5

1 enfermera, estrella del cine   2 tenista, madre   3 casa, piso   4 caballos, salir con amigos

Reading 6

a) Comió un poco, se vistió de negro.   b) Para él, sus canciones son cuadros.   c) Se conocieron.   d) No.

Writing

¡Estudiante español!

Mi colegio está organizando un curso de lengua inglesa para estudiantes españoles y en mi opinión será ideal para ti. Ya sabes la importancia de la lengua inglesa: es casi la lengua universal y no podrás conseguir un buen trabajo sin ella. Para viajar aquí es fácil. Hay un aeropuerto a cinco kilómetros y el servicio de autobuses es excelente. En mi ciudad hay de todo – bares, cines, clubs y dos estadios de fútbol. Estarás alojado con una familia inglesa y nosotros escogeremos las familias con gran cuidado. Nuestro colegio tiene instalaciones fantásticas incluyendo un laboratorio de lenguas y es cierto que vas a hacer progresos dramáticos en inglés. Los profesores son simpáticos y tienen experiencia abundante. En tus días libres organizaremos excursiones a sitios de interés y visitaremos Londres para ver los monumentos históricos.

Listening transcripts

CHAPTER 1

Role Play 1–2 (Tracks 2–3)

Listening 1 (Track 4)

1. ¿Mi familia? Pues, soy hijo único pero tenemos dos gatos.
2. No vivo con mis padres. Vivo con mi hermano mayor y mis hermanitas.
3. Mis padres han muerto. Vivo con mi abuela.
4. ¿Detalles de mi familia? Pues, vivo con mis padres y mis dos hermanas.
5. Yo vivo con mi hermano y tenemos dos perros.
6. Me gustaría tener un hermano pero tengo solamente una hermana.

Listening 2 (Track 5)

Hola. Me llamo Juan. Odio todas mis asignaturas menos el arte. Me encanta el fútbol pero no me gusta el tenis. Normalmente voy al instituto en bicicleta. No me gusta ir andando.

Buenos días. Me llamo Elena. Me gustan casi todas mis asignaturas pero no me gusta la historia. Mi favorita es el inglés. También me encantan todos los deportes menos el tenis. Me gusta especialmente el baloncesto. Por la mañana mi padre me lleva al instituto en coche porque el autobús es caro.

Hola. Me llamo Sofía. Nací en Francia así que me gusta mucho el francés pero mi asignatura predilecta es el alemán. Mi hermano me da clases de natación porque él es profesional pero yo prefiero el ciclismo. Es peligroso ir al instituto en bicicleta así que tomo el autobús.

Buenas tardes. Me llamo Enrique. Quiero ser químico así que paso mucho tiempo haciendo química. Las otras asignaturas – el inglés, etcétera – me aburren. Me encanta el hockey. No me gusta el fútbol. No hay autobuses así que voy al instituto andando.

Listening 3 (Track 6)

No tenemos tiempo para poner tus cosas en tu dormitorio. Vamos a comer en seguida. Después vamos a ver tu dormitorio. No te preocupes. Está muy lejos de los ruidos de la calle. No hay mucho espacio en tu dormitorio porque la cama es grande pero puedes poner tus cosas en el armario. Si quieres comer aún tenemos un poco de bacalao. Y después vamos a salir a una discoteca con otro amigo inglés. Y al volver estará mi hermano y puedo presentaros.

Listening 4 (Track 7)

Lo que no me gusta es que tenemos una clase de inglés todos los días ¡qué aburrido! El jueves no está mal pero antes del recreo tenemos química y no me gusta mucho. Tenemos recreo a las once y media todos los días y la comida es a la una y media todos los días. Tenemos cinco clases al día y el viernes empieza muy mal porque tenemos biología y no me entiendo bien con el profesor. El viernes después del español tengo mi clase favorita: deporte.

Listening 5 (Track 8)

Me llamo Pedro. Estoy harto de mi instituto. Muchas veces digo a mi madre que estoy enfermo para poder quedarme en casa. Y a veces con ciertos profesores no voy a las clases: me quedo en el café. La única cosa que me gusta es . . pues . . . las vacaciones.

Me llamo Pilar. Me aburro en el instituto aunque voy todos los días. Me fastidia lo que tenemos que hacer. No me gustan mis asignaturas menos una: la clase de geografía. Es que el profesor es tan guapo.

Me llamo Enrique. Me encanta ir al instituto. Aprendo muchísimo y me gustan todas mis asignaturas menos una: geografía. No me entiendo bien con el profesor. Lo curioso es que un día quiero ser profesor de geografía.

Listening 6 (Track 9)

Oye, Alfonso, ¿quieres salir esta tarde?

Lo siento pero no puedo . . . es decir que ya he quedado con mi novia: vamos ahora a patinar. Luego vamos a comer en un restaurante. Después vamos al cine y por último vamos a una discoteca. Lo siento, pero no tengo tiempo.

Hola, Jaime, ¿quieres salir esta tarde?

Lo siento, no puedo. Tengo exámenes dentro de dos meses y tengo que estudiar. Si no apruebo no puedo ir a la universidad. Voy a estudiar todo el día todos los días. Lo siento, pero no puedo salir.

¿Qué tal, Ana? ¿quieres salir esta tarde?

Lo siento, pero no tengo tiempo. Esta mañana voy a misa. Luego voy a ayudar al sacerdote a limpiar la iglesia. Después tengo que visitar a los enfermos en el hospital y más tarde tengo que escribir a los periódicos quejándome de la pobreza que existe en algunos barrios de esta ciudad. No, no puedo salir.

CHAPTER 2

Role Play 1–3 (Tracks 10–12)

Listening 1 (Track 13)

El deporte en el Perú

En Lima hay mucho interés por todo tipo de deporte pero sin duda el más popular es el patinaje sobre hielo. Es un deporte nuevo pero entre los jóvenes es más popular que el fútbol. En algunas zonas se puede jugar al golf: todos los clubs aquí están dirigidos por profesionales. En el centro de la ciudad se encuentra la Piscina Nacional y es famosa porque el equipo olímpico del Perú se entrenó allí. El equipo de baloncesto del Perú también es muy famoso porque hace dos semanas ganó una medalla de oro en un concurso en Nueva York.

Listening 2 (Track 14)

Pablo habla de su día

Voy a pasar el día con una amiga muy especial. Se llama Conchita y nos conocemos desde hace mucho tiempo: íbamos a la escuela juntos. Como mi madre tiene que dar clase sería mejor no almorzar en casa y conozco un sitio que ofrece los platos que a Conchita le gustan. Luego como ponen una película de miedo en el centro de la ciudad iremos a verla. Y más tarde como a Conchita le gusta bailar iremos a 'La Mariposa' hasta las diez de la noche.

Listening 3 (Track 15)

Carla	Oye, Fernando, vamos a ver una película. Yo quiero ver una película de miedo. Son mis favoritas.
Fernando	Las películas de miedo me dan asco. No quiero ver esa película.
Carla	Entonces, ¿qué quieres ver?
Fernando	Yo prefiero una película del oeste. Son mis favoritas.
Carla	Una película del oeste . . . me da igual, pero ¿no sería mejor ver una película de amor? Me gusta bastante.
Fernando	Si vas a una película de amor vas sola. Ni hablar. Pero si quieres me gustaría mucho ver una película de aventura.
Carla	Bueno. Una película de aventura . . . si quieres . . . supongo que sí.

Listening 4 (Track 16)

El cine Astoria

Estás escuchando un servicio automático para los clientes del cine Astoria. Hoy y mañana solamente ponemos una película histórica llamada *Corazón de acero*. Es una película americana con subtítulos.

Pasado mañana durante siete días ponemos una película de horror llamada *Los muertos*. Se trata de unos fantasmas en una casa antigua en Inglaterra. Finalmente, a partir del 23 y hasta el fin del mes, ponemos *No me toques*, una comedia que ganó una medalla de oro en Italia. Hay tres sesiones para cada una de las tres películas, a las dos, a las siete y a las doce.

CHAPTER 3

Role Play 1–6 (Tracks 17–22)

Listening 1 (Track 23)

1. Quiero escribir a mi amiga Isabel pero no encuentro un sello. ¿Dónde están los sellos?
2. Voy a comprar un regalo para Isabel. Voy a comprarle un libro.
3. Esta tarde voy a salir a hacer deporte. Mi deporte favorito es la natación.
4. No sé dónde está mi dinero. ¡Ay sí! Lo he dejado en mi dormitorio.

5. Cuando salga con Isabel vamos a visitar el puente romano.
6. Compraré el regalo en el Corte Inglés. La librería está en la segunda planta.
7. Voy a ir al centro en autobús. El autobús sale a las diez y media.
8. Isabel me dice que se va de vacaciones a Turquía en avión.
9. Isabel me dice que va a pasar todo el día en la playa.
10. Isabel me dice que va a volver el cuatro de agosto.

Listening 2 (Track 24)

Señoras, señores, estamos llegando a Barcelona y estaremos delante del hotel en media hora. En unos momentos pasaremos cerca de la catedral – podrán verla a la izquierda – pero no tenemos tiempo para visitarla ahora. Esta tarde la cena en el hotel será a las nueve, y a las diez y media. Voy a poner un vídeo mostrando los sitios de interés en Barcelona. Mañana por la mañana volveremos allí a verla con más tranquilidad. Mañana por la tarde tienen tiempo libre para conocer la ciudad e ir de compras. Pasado mañana nos marcharemos a Zaragoza y pasaremos tres días allí. Bueno señoras y señores, espero que el hotel les guste y si tienen algún problema hay que marcar el número tres para poder hablar conmigo.

CHAPTER 4

Role Play 1–4 (Tracks 25–28)

Listening 1 (Track 29)

1. Una botella de vinto tinto, por favor.
2. Un café con leche, por favor.
3. Para mí, pescado.
4. Quiero una cerveza.

Listening 2 (Track 30)

Camerero ¿Una mesa para dos personas? Hay una mesa aquí en el rincón. Lejos de la ventana abierta. Les voy a traer el menú del día. Primero deme el paraguas. Tenemos tortilla muy buena pero mariscos no tenemos. Sólo tenemos tortilla de jamón.

Cliente Voy a pedir una tortilla pero primero quiero una ensalada. Y de postre no quiero nada. Y de beber quiero vino tinto.

Listening 3 (Track 31)

Cliente 1. Buenos días. Déme mariscos, por favor. Y una cerveza.
Cliente 2. Hola. Quiero patatas, por favor. Y un vaso de leche.
Cliente 3. Buenos días. Quiero pescado. Y un zumo de naranja.
Cliente 4. Quiero un bocadillo de queso y un vaso de vino.
Cliente 5. Déme un helado. Y un café solo.

Listening 4 (Track 32)

Sótano	Joyería, Fotografía, Equipaje
Primera planta	Deportes, Relojería, Ropa de hombres
Segunda planta	Música, Ropa de mujeres, Electrodomésticos
Tercera planta	Comida, Fruta, Legumbres

Listening 5 (Track 33)

Puesto 1. Habas, zanahorias, cebollas, patatas . . . y ¡qué precios! Nosotros tenemos los precios más bajos de este mercado.
Puesto 2. Muñecas, coches eléctricos, juegos, trenes, juguetes . . . ofrecemos productos de la mejor calidad.
Puesto 3. Mesas, sillas, sillones, armarios, camas . . . y el transporte a tu casa es gratis.

CHAPTER 5

Role Play 1 (Track 34)

Listening 1 (Track 35)

Me llamo Jorge Alvarez Díaz y tengo dieciocho años. Nací el trece de junio de mil novecientos setenta y ocho en Madrid. Tengo cuatro hermanos y mi padre es médico y mi madre da clases de inglés en un insitituto.

Listening 2 (Track 36)

José A mí no me gustan los idiomas. Prefiero las ciencias, sobre todo la biología. Me interesa la biología porque el profesor es tan joven e interesante. Un día quiero ser médico y me gustaría trabajar en el extranjero. En mi tiempo libre me gusta patinar. Hay una pista de patinaje cerca de mi casa.

Lolita No me gusta la historia en absoluto. ¿Sabes por qué? Los libros que usamos están muy pasados de moda. Mi asignatura favorita es el francés. Voy a Francia todos los años de vacaciones. Un día quiero ser profesora de francés. Mi hobby favorito es la lectura. A veces leo tres o cuatro novelas a la semana.

Listening 3 (Track 37)

¿Desempleado? ¿Por qué no trabajas para La Compañía Rovi? Buscamos representantes que puedan trabajar en el medio oriente. No pagarás impuestos y el alojamiento será gratis. Llámanos.

CHAPTER 6

Role Play 1 (Track 38)

Listening 1 (Track 39)

Tu problem no tiene nada que ver con lo que has comido. No tiene nada que ver con el sol y la playa tampoco. ¡El problema es que te acuestas muy tarde todas las noches! ¡Y bebes demasiado!

Listening 2 (Track 40)

Isabel	Oye, Antonio, ¿quieres un cigarillo?
Antonio	No, gracias – no fumo.
Isabel	¿Por qué no?
Antonio	La ropa de la gente que fuma huele mal y además a mi novia no le gusta. Dice que es una cosa sucia.
Isabel	Pues yo empecé a fumar a la edad de quince años.
Antonio	¿Por qué empezaste?
Isabel	Pues, salía entonces con un grupo de jóvenes que fumaban. Yo hacía como ellos. Ahora fumo más de veinte cigarillos al día. Para mí es un placer y no quiero parar.
Antonio	¿Qué dicen tus padres?
Isabel	Como los dos fuman también no dicen nada. Me dejan fumar pero no en casa. Si quiero fumar tengo que salir.
Antonio	Pero cuesta mucho dinero, ¿no?
Isabel	Sí, pero como trabajo en casa de una señora limpiando la casa tengo bastante dinero.
Antonio	Y ¿bebes alcohol?
Isabel	Nunca en mi vida.

Listening 3 (Track 41)

La tenista española Laura Gabarda volvió hoy de su gira en los Estados Unidos para empezar otra gira aquí en España a principios de junio. La gira durará dos semanas y Laura jugará un total de seis partidos en seis regiones distintas de España. Las entradas costarán 10.000 pesetas y sólo se pueden comprar por teléfono usando una tarajeta de crédito.

Listening 4 (Track 42)

Me levanto temprano para poder hacer footing antes de ir a mi trabajo. Me gusta mi trabajo y trabajo ocho horas al día. Pero nunca hago horas extraordinarias porque no quiero cansarme. A mediodía voy a la piscina y paso una hora nadando. Nunca bebo alcohol y tengo cuidado con lo que como y cuánto como. No salgo nunca por la tarde y poca gente me visita en casa.

CHAPTER 7

Role Play 1–3 (Tracks 43–45)

Listening 1 (Track 46)

Valencia está en la costa mediterránea y es importante porque tiene un puerto. Muchísimos barcos usan el puerto todos los días. A muchos ingleses les gusta vivir en Valencia por su clima. Casi nunca nieva en invierno. Hay fiestas magníficas en febrero y muchos turistas visitan Valencia en ese mes.

Listening 2 (Track 47)

Buenas tardes, éste es el pronóstico del tiempo para hoy lunes, mañana martes y pasado mañana miércoles.

Hoy lunes habrá un viento glacial con chubascos fuertes. Mañana martes una transformación porque las nubes van a desaparecer y se prevé tiempo soleado y estable todo el día. El miércoles se prevé otro cambio porque los vientos y el frío van a volver con lluvia fuerte en todas partes.

Index